POKÉMON™ 9
RUBÍ Y ZAFIRO

GUIÓN:
HIDENORI KUSAKA

DIBUJO:
SATOSHI YAMAMOTO

POKÉMON™ 9

RUBÍ Y ZAFIRO

Índice

The Fourth Chapter

POKÉMON™
RUBÍ Y ZAFIRO

BUUUM
ZOOOOAAAASH
SHUN

POF
¡¡MUCHAS GRACIAS!!
¡¿LO HAN VISTO...
...QUERIDOS ESPECTADORES?!
¡¡SE TRATA DEL ENTRENAMIENTO DE NORMAN...
...EL NUEVO LÍDER DE GIMNASIO DE CIUDAD PETALIA, EN LA REGIÓN DE HOENN!!
HA VENCIDO A TODOS ESOS POKÉMON EN SOLO UN INSTANTE...
¿SIEMPRE REALIZA ENTRENAMIENTOS TAN DUROS?
ASÍ ES.
POR CIERTO, CON MOTIVO DE OCUPAR EL PUESTO EN EL GIMNASIO, TENGO ENTENDIDO QUE SU MUJER Y SU HIJO
VIENEN HOY A REUNIRSE CON USTED...

ESO ES. ¡AHORA DEBEN DE ESTAR DE CAMINO...!
VIENEN DESDE JOHTO...
¿PODRÍA CONTARME ALGO SOBRE EL TIPO DE POKÉMON EN QUE ESTÁ ESPECIALIZADO?
PRECAUCIÓN
JU, JU, JU...
¡LA VERDAD ES QUE TE HAN SACADO GUAPO...!
BROOOM
¡POR FIN VAMOS A VIVIR TODOS JUNTOS...!
¡Y COMO UNA FAMILIA!
GENIAL. ♪
¡OYE! ¡PAPÁ SALE EN LA TELEEE!
NO SÉ SI ESTARÁ DE HUMOR...
¡VEN AQUÍ DELANTE Y LO VEMOS JUNTOS!
MUDANZAS PELIPPER
MUDANZAS PELIPPER

PELIPPER
MUDANZAS
¡¿RU-BÍ?!
¡¿ME ESTÁS ESCU-CHANDO?!
RIIIS
FUH...
ESTOY OCUPADO...
¡MUY BIEN!
¡POR FIN LOS HE TER-MINADO!
¡SON VUESTROS GORROS! ¡VAMOS A VER QUÉ TAL OS QUEDAN!
CHAAAN
¡UAH! ¡¡QUÉ ELEGAN-TES!!
OH...
¿NO TIENES MÁS LARGO EL PELO DEL LADO DERECHO?
ZIP
ZIP

¡¡INMEJO-RABLE!!
¡MARAVI-LLOSO! ¡¡INCREÍ-BLE!!
CHAC
CHAC
CHAC
CHAC
CHAC
CHAC
SCREEECH
¡RUBÍ! ¡NOS HEMOS QUEDADO ATRAPA-DOS EN EL BARRO!
PAM PAM
¡¡SAL Y AYÚDA-ME!!
¡OH, NO...!
¡UAH!
PELIPPER
MUDAN
¡NO QUIE-RO!
POM

¡¿EEEEH?!
PERO QUÉ PELAJE MÁS SUAVE...
FRUS FRUS
SI SE HA ENCAJADO EN EL BARRO
MIS POKÉMON SE ENSUCIARÍAN.
POF POF
ADEMÁS, ¿PARA QUÉ?
LA CAMIONETA YA ESTÁ FUERA...
FUOSH
MUDANZAS PELIPPER
OO-OXOX
!!
¡¡GRACIAS A CONFUSIÓN...
...DE RURU!!
WAAAAA
¡OOOH!
¡¡ASÍ QUE ESTO ES HOENN!!

ZUUUN
ARF
AFG
¡QUÉ LUGAR MÁS BELLO!
¡A JUEGO CON MIS POKÉMON!
PORQUE ELLOS SIEMPRE SON...
¡INGENIOSOS...!
¡DUROS...!
¡ADORABLES...!
¡CARISMÁTICOS...!
Y SOBRE TODO...
¡...HERMOSOS!

POKÉMON™

RUBÍ Y ZAFIRO

RUTA 101.
¡¡UFFF!!
¡UFFF!
¡AHÍ ESTÁ! ¡¡LO HE ENCONTRADO!!
¡UN POKÉMON GUSANO!
¡EL NIDO DE UN WURMPLE!
SWOOOSH
¡AHORA MISMO ESTÁ EVOLUCIONANDO!
WIIINH

¡TAL COMO PONE AQUÍ! ¡ESTE APARATO ES FABULOSO!
LO HABÍA COMPRADO EXPRESAMENTE PARA ESTO.
ALTU
PESO
SILCOON USA LA SEDA QUE PRODUCE PARA ATARSE A LA RAMA DE UN ÁRBOL Y SUJETARSE BIEN. Y SE QUEDA AHÍ COLGADO A LA ESPERA DE SU EVOLUCIÓN, ASOMADO POR UN AGUJERO DEL CAPULLO DE SEDA.
AUNQUE ESTE CAPULLO ES DIFERENTE DEL ANTERIOR.
EL DE ANTES ERA VIOLETA Y ESTE ES BLANCO... ¿SERÁ UN TIPO DISTINTO?
¡YA VEO! PARECE QUE EL VIOLETA ERA UN CASCOON. ¡VOY A COMPROBAR LOS DATOS DEL BLANCO!
PIRIRIRI
¿SÍ, DIGA?
¡AH! ¡NORMAN! ¡¡ENHORABUENA POR TU NOMBRAMIENTO COMO LÍDER DE GIMNASIO!!
¡JA, JA, JA, JA!
¡¿QUE TU FAMILIA VIENE HOY DESDE JOHTO?!
¡PERDONA, LO HABÍA OLVIDADO!
¡ESTUPENDO! AHORA SEREMOS VECINOS.
¡¡OS AYUDARÉ CON LAS CAJAS!! ¡¡DÉJALO EN MIS MANOS!!
¡ESTA NOCHE CENAREMOS TODOS JUNTOS!

CAPÍTULO 92:
Contra Mightyena
¡QUÉ GANAS!
VILLA RAÍZ.
¿QUÉ TAL, RUBÍ?
¡UMF!

¿TE GUSTA TU NUEVA HABITACIÓN? ES BONITA, ¿VERDAD?
...
Y POR LA NOCHE POR FIN VEREMOS A PAPÁ. TENEMOS TIEMPO PARA ORDENAR. ♪
Regalo de cumpleaños de papá
UHM...
CLONC
¡¿CONQUE LÍDER DE GIMNA-SIO?!
¡¿Y A MÍ QUÉ?!
CLAC
¡LO ÚNICO QUE HACE ES PA-SAR DE NOSO-TROS!

Plan para escapar de casa
BUENO, ATENTOS, QUE EXPLICO DE NUEVO EL PLAN.
¡NOS ACABAMOS DE MUDAR...!
¡¡...PERO DA IGUAL, NOS VAMOS HOY MISMO!!
COCO.
NANA.
RURU.
¡SOIS POKÉMON HERMOSOS! ¡TAN BELLOS Y TAN ADORABLES...
...QUE HABÉIS GANADO MULTITUD DE CONCURSOS!
¡PERO EN HOENN EL NIVEL ES SUPERIOR!
¡¡VAMOS A PARTICIPAR Y GANAR EN TODOS ELLOS!!
¡AUNQUE NOS ENCONTRAREMOS UN SERIO OBSTÁCULO!
¡ESE PIRADO DE LOS COMBATES...! ¡MI PADRE!

¡NO SOLO INTENTA ALEJARME DE LOS CONCURSOS POKÉMON...
...ENCIMA QUIERE QUE ME ENTRENE EN EL COMBATE POKÉMON!
¡¡PUES NI HABLAR!!
¡¡SOLO HAY UNA MANERA DE DERROTARLO!!
¡¡GANAR TODOS LOS CONCURSOS
Y QUE ADMITA QUE SE HA EQUIVOCADO...!!
ZIYH
LO SIENTO... MAMÁ.
FIU
FIU
...
ZAH

RÁPIDO, ¡TENEMOS QUE ENCONTRAR UN LUGAR DONDE PASAR LA NOCHE...
...ANTES DE QUE AVISEN A LA POLICÍA!
?!
ÑEEEC
FANTÁSTICO...
¿QUÉ ES ESO?
SO... SO... ¡SOCORRO!
ZAAAM
ZAAAM
ÑIC
¡UAAAH!
BAUM

PUES NO.
PERDONA, ¿NO SERÁS ENTRENADOR? ¿PODRÍAS AYUDARME?
FFFH
¿SE ENCUENTRA BIEN?
UGH...
¡ME ESTÁN ATACANDO UNOS POKÉMON! ¡ESTABA INVESTIGANDO Y HE INVADIDO SU TERRITORIO SIN DARME CUENTA!
ZAH
¡¿PERO CREES QU...?!
!!
SI MIS POKÉMON COMBATEN AQUÍ SE PONDRÁN PERDIDOS DE BARRO.
¿EEEH? ¡¿PERO...?!
¡¡ESTÁN AQUÍIIII!!

¡¿EH?!
BEAUTIFUL!!
¡AAAH!
¡EL CHICO SE HA QUEDADO IMPACTADO...
...ANTE ESOS POKÉMON FURIOSOS!
¡ES LA PRIMERA VEZ QUE VEO ESTOS POKÉMON, PERO SU PELAJE ES TAN LUSTROSO QUE BRILLA...!
GRRR
GRRR
GRRR
¡SOIS MARAVILLOSOS!
¿ME DEJÁIS SACAR PARTIDO A VUESTRA BELLEZA EN UN CONCURSO?
SEGURO QUE GANAMOS...
GRRR
¡¡GRAAAUR!!
¡¡CUIDADO!!

¡SI LOS CONCURSOS ESTÁN MUY BIEN!
POR FAVOR, NO OS ENFADÉIS...
HUY...
FASH
OIGA, ¿DE QUÉ TIPO SON ESTOS POKÉMON?
BIIIP
¡OH! ¿UN APARATO PARA CONSULTAR LOS DATOS DE POKÉMON?
MIGHTYENA...
¿YENA...?
¿POOCHYENA...?
ÁREA
GRITO
TAMAÑO
VOLVER
Nº 011 MIGHTYENA
POKÉMON MORDISCO
ALTURA 1,0M
PESO 37,0 KG
ES MUY FÁCIL PREVER CUÁNDO VA A ATACAR MIGHTYENA; SE PONE A GRUÑIR CON FUERZA Y SE ESTIRA. ESTE POKÉMON DA UNOS MORDISCOS TREMENDOS CON LOS AFILADOS COLMILLOS QUE TIENE.
¡¡MAGNÍFICO!!
¡WAU!
¡¡SOIS POKÉMON EVOLUCIONADOS!!

ZAH
¡VAMOS A TRABAJAR ESE ATRACTIVO!
PE... ¿PERO QUÉ?
¡ES MARAVILLOSO! ¡NO SOLO ARRASARÁS EN LA CATEGORÍA DE CARISMA, SINO TAMBIÉN EN LA DE BELLEZA!
¿HAS VISTO, NANA? ¡¡CUANDO EVOLUCIONES SERÁS COMO ELLOS!!
¡HA CONQUISTADO LAS CIMAS MÁS ALTAS DEL CARISMA! ¡YA NADA PUEDE ALTERAR SU ATRACTIVO...!
¡NI SIQUIERA EL TIEMPO!
¡¡LA EXTRAORDINARIA POOCHYENA NANA!!
POM
¡¡VAMOS!!
??
RUUUR
PUUUF
DASH
TIENES QUE RECORDARLO: EN LOS CONCURSOS LO MÁS IMPORTANTE ES DAR UNA IMPRESIÓN IMPACTANTE AL SALIR DE LA POKÉ BALL...
¿ENTIENDES, NANA?

FUAAASH
¡¡MALI-
CIOSO!!
¡OOOH!
¡CON QUÉ
ESTILO HA
REALIZADO
SU MOVI-
MIENTO!
TAP
GRRR
GRRR
GRRR
¡ESO
SÍ, ES
COMPLE-
TAMENTE
INEFEC-
TIVO!
¡OH,
NO!
¡¡LÓGICO!!
¡ES LO QUE
PASA CUANDO
SOLO TE
PREOCUPAS
POR LA
ESTÉTICA
DE TUS
POKÉMON!
TAP
TAP

¡¿SE PUEDE SABER PARA QUÉ ESTÁS ENTRENÁNDOLOS?!
¡CLARO! ¡PARA LOS CONCURSOS!
¡OH! ¡QUÉ GRACIA TIENEN ESTOS POKÉMON CORRIENDO!
CUANDO NANA EVOLUCIONE...
POR CIERTO, ESTO SE LE HA CAÍDO.
¡LUEGO ME LO DAS!
PE-RO...
¿¿...
¡¿EH?! ¡PERO ¿QUÉ?!
FUIIII
¡¡P-P-P-PEROOOO!!
ZUUU
¡¡LAS BOTAS!!
?!
YUM

¡UAH!
TOMP
TOMP
¡¿PERO QUÉ PASA CON ESTAS BOTAS?!
¡¡OUOOOOH!!
¡¡UAAAAAAAAH!!
¡UAAAH!
ZAAAM
¡OH! ¡¡OH, NO!!

FUAAAAH
¡UAAAAAAH!
KY
ZUM
FWOOOOSH
FIUUU
CHAC

TOMP
¡¿ME... ME HA SALVADO
UN POKÉMON?!
UH...
¿UH?
SLURP
SLURP
¿NANA?
¿DÓNDE ESTAMOS?
NOS HA SALVADO ESE POKÉMON.
PIRRR
EL TELÉFONO Y LA MOCHILA DE ESE SEÑOR...
VEAMOS QUÉ ENCONTRAMOS AQUÍ...
PIP

¿DIGA?
¡¿ERES TÚ?! ¿EL CHICO DE LOS CONCURSOS?
SÍ.
¡MENOS MAL!
¡¡SIENTO MUCHO HABERTE PUESTO EN PELIGRO!! ¡¿TE HAS HECHO DAÑO?!
ESTOY BIEN, PERO NO TENGO NI IDEA DE DÓNDE ESTOY... PARECE ALGUNA CLASE DE CUEVA.
¿CÓMO?
NOS HA SALVADO UN POKÉMON VERDE QUE NOS HA TRAÍDO HASTA AQUÍ.
¡¿EEEH?! ¡¿EN SERIO?!
OYE...
ANTES NO ME HE PRESENTADO: MI NOMBRE ES ABEDUL.
SOY UN CIENTÍFICO ESPECIALIZADO EN POKÉMON. ESTABA LLEVANDO A CABO UN TRABAJO DE CAMPO.

BUENO, NO SE PREOCUPE, NO ME HA PASADO NADA.
¡ME ALEGRO! A TODO ESTO...
TU NOMBRE NO SERÁ RUBÍ, ¿VERDAD?
CO... ¡¿CÓMO LO SABE?!
POR TUS BOTAS...
LLEVAN EL MECANISMO DE ACELERACIÓN INCORPORADA DE LA MARCA DEVON S.A.
SON UN PRODUCTO RECIÉN DESARROLLADO Y AÚN NO SE HAN PUESTO A LA VENTA.
UN AMIGO LAS QUERÍA COMO FUERA PARA EL CUMPLEAÑOS DE SU HIJO. UTILICÉ TODAS MIS CONEXIONES PARA AYUDARLE.
SE LLAMA NORMAN. ¿ACASO ERES TÚ SU HIJO?
AH, TE CONOCÍ CUANDO ERAS PEQUEÑO.
JA... JA, JA, JA... QUÉ CASUALIDAD...
¡LO QUE FALTABA! ¡ESTE HOMBRE CONOCE A MI PADRE!
¿NO OS MUDABAIS HOY? ¿QUÉ HACÍAS EN UN SITIO COMO ESE?
UFFF...
NO SABE QUE ME HE ESCAPADO DE CASA...

¿YA HAS DESPER-
TADO?
¡UAAAH!
CLON
VI COMO AL-
GUIEN CAÍA
DE LAS
ROCAS.
ESTE LUGAR ES
MUY ESCARPADO,
VOLVER A LA CIU-
DAD DESDE AQUÍ
ES BASTANTE
DIFÍCIL.
¡¡¿UN
POKÉ-
MON...
...QUE
HA-
BLAA?!!
¡QUÉ
COSA
MÁS AS-
QUERO-
SAAA!
FLAS
¡¡NO TE
ACER-
QUES!!
DASH
¡¡GGN!!
GRUARG

FAS
ZAAH
¡¿TE SALVO Y ASÍ ME LO PA-GAS?!
¡¿QUÉ ESTÁS HACIEN-DO?!
!!

POKÉMON
RUBÍ Y ZAFIRO™

U...
¡¿UNA PERSONA?!
¡¡¡UAAARGH!!!
¡¿QUÉ OCURRE, RUBÍ?!
SHUUU
¡¡AAARGH! ¡¡MI TRABAJO CON EL PELO DE NANA!!
¡¡UAAAH!!
PUFF
PUFF
FWOSH

¡¡ME ESTÁN ATACANDO!!
EL POKÉMON QUE ME HA TRAÍDO... FZZZZZ...
¡¿EL POKÉMON TE ESTÁ ATACANDO?!
¡¡ESTO ES GRAVE!!
¡TUS POKÉMON SON PURA IMAGEN! ¡SU CAPACIDAD DE LUCHA ES MÍNIMA! ¡ASÍ NO PUEDES COMBATIR!
¿TODAVÍA TIENES MI MOCHILA?
¡SÍ!
¡¡MIRA DENTRO!!
ZIP
CAPÍTULO 93:
Contra Torchic

AMBOS SON POKÉMON CON GRANDES CAPACIDADES DE COMBATE. LOS ESTABA ESTUDIANDO.
YO TE HE METIDO EN TODO ESTE LÍO, ASÍ QUE...
...POR FAVOR, ESCOGE UNO DE LOS DOS.
¿CONOCES EL TIPO DE TU ADVERSARIO?
¡USA MOVIMIENTOS DE TIPO FUEGO!
¡¡EN ESE CASO ELIGE EL POKÉMON AZUL!!
ES UN POKÉMON DE TIPO AGUA.
POM
¡¡MUDKIP!!
...
BUUUF... HOMBRE, NO ERES TAN HORROROSO COMO EL VERDE, PERO NO TE VEO PARTICIPANDO EN CONCURSOS DE BELLEZA...
NI DE CARISMA. QUIZÁ, SI ME APURAS, EN DUREZA...

¡PERO LOS POKÉMON SE ME VAN A PONER PERDIDOS...!
ZASH
¿PERO QUÉ HACES? ¡¡¡RES-PONDE DE UNA VEZ!!!
¡GRUAAARG!
¡UMPF!
¡¿OTRA VEZ CON ESO?!
¡¡TÚ ERES EL QUE HAS EM-PEZADO ANTES!!
¡¡NO HUYAS!!
¡UAH!
¡OH!
FWOOSH
FWASH

¡¡VENGA, RESPONDE!!
¡¿POR QUÉ ME HAS ATACADO DESPUÉS DE SALVARTE...?!
¡¡QUE ME RESPONDAAAS!!
¡ESA FORMA DE HABLAR!
¡EH, RUBÍ! ¿CON QUIÉN HABLAS?
¡¡YA TE LO HE DICHO!!
¡NO ME HA SALVADO UN POKÉMON...!
¡...SINO UNA CHICA!
¡TIENE UN ACENTO MUY RARO! ¡PARECE UNA SALVAJE!
FUH
AH
FUH
AH
UNA CHICA CON UN ACENTO RARO...
¿SALVAJE...?
OH... NO ME DIGAS QUE...
PAM

ESA CHICA ES MI HIJA...
ME ESTÁ AYUDANDO CON EL TRABAJO DE CAMPO...
¿EEEEEH?
SE LLAMA ZAFIRO.
PÁSALE EL TELÉFONO...
FSHIU
FUERA DE COBERTURA
¡¿DIGA?! ¡¿DIGA?!
SE HA CORTADO.
QUÉ BIEN. ESTO RESUELVE EL MALENTENDIDO. CONOZCO A TU PADRE.
MIRA, MIRA... EL TELÉFONO Y LA MOCHILA ME LOS HA DEJADO ÉL. Y ESTE POKÉMON ME LO HA REGALADO.
UHM
EH, ¿ME ESCUCHAS?
UH
PUEDE QUE SEAS CONOCIDO DE PAPÁ...
¡...PERO DEJÉMOSLO PARA LUEGO!

¡¡¿QUÉ ES ESO?!!
FSHAA
¡¡SON LOS COLMILLOS DEL POKÉMON SERPIENTE SEVIPER!!
ÁREA
GRITO
TAMAÑO
VOLVER
Nº 124 SEVIPER
POKÉMON COLMILLOS
ALTURA 2,7 M
PESO 52,5 KG
SEVIPER TIENE UNA COLA QUE PARECE UNA ESPADA Y LE SIRVE PARA DAR UN SABLAZO AL ENEMIGO Y ENVENENARLO. ESTE POKÉMON SE MANTIENE FIRME EN LA ENEMISTAD QUE SIENTE HACIA ZANGOOSE.
¡¡ES UNA POKÉDEX!!
¿TÚ TAMBIÉN TIENES ESE APARATO?
UH
UH
ZUUUUH
ZUUUUH

CRAASH
¡¡ESTOY AYUDANDO A PAPÁ EN SU INVESTI-GACIÓN!!
BAM
¡UGH!
FFUM
¡¡ESTA CUEVA ES MI BASE SE-CRETA PARA OBSERVAR POKÉMON!!
¡¿QUÉ ESTÁS HACIENDO?! ¡¡AYÚDA-ME!!
¡SI TE QUEDAS AHÍ PARADO TE VA A ESPACHU-RRAR!
CHAC
BLAAAM

POM
¡NI HA-
BLAR!
¿¿CONCURSOOOOS??
CUANDO COMBATEN DE-SARROLLAN MÚSCULOS Y DEJAN DE SER MONOS.
¡MI OBJETIVO ES GANAR TODOS LOS CONCURSOS POKÉMON!
¡ASCUAS!
¡¡¿CÓMO QUE "CHUPADO"?!!
¡¿ESOS SITIOS DONDE LOS POKÉMON SON TODO IMAGEN?! ¡GANAR DEBE DE ESTAR CHUPADO!
¡YA BASTA!
¡CHIC!
DASH
FWOSH

BOM
AH... A MÍ NO ME GUSTAN LOS POKÉMON QUE NO TIENEN FUERZA PARA COMBATIR.
NI ME GUSTAN LOS ADORNOS.
GRRR
¡¡LO NATURAL DEBERÍA SEGUIR SIENDO NATURAL!!
¿LO DICES POR LO BIEN QUE VAS VESTIDA?
¡¡PONTE ALGO DE ROPA ENCIMA POR LO MENOS!!
¡¡SI LLEVO ROPA SINTÉTICA LOS POKÉMON NO SE ME ACERCAN!!
AHORA QUE LO DICES, DESPRENDES UN OLOR QUE... ¡MENUDA HIGIENE!
¡¿Y TÚ QUÉ?! ¡¡UN CHICO QUE SE TIÑE EL PELO DE BLANCO!!
¡¡¡ES UN GORRO!!!
GRRRRR
GRRRRR
¡HUMPF! NUESTROS MODOS DE VER LAS COSAS SON TOTALMENTE OPUESTOS.
¡HUMPF!
¡¡ASÍ ES!!
...
¡OYE!
¡¿Y SI HACEMOS UNA APUESTA?!

MI META ES SER LA MEJOR EN EL COMBATE POKÉMON.
¡VOY A VISITAR A LOS OCHO LÍDERES DE GIMNASIO DE LA REGIÓN DE HOENN PARA VENCERLOS!
¡TÚ QUIERES VENCER EN TODOS LOS CONCURSOS...!
¡...Y YO GANAR A TODOS LOS LÍDERES DE GIMNASIO!
¡¡QUE CADA UNO CUMPLA SU OBJETIVO Y VUELVA AQUÍ PARA ENSEÑARLE AL OTRO SI LO HA CONSEGUIDO!!
EL PLAZO SON... ¡80 DÍAS!
¿PERO DE DÓNDE TE HAS SACADO ESO...?
QUÉ PASA, ¿TIENES MIEDO?
SI DESPUÉS DE 80 DÍAS HAS CONSEGUIDO VENCER EN TODOS LOS CONCURSOS TE HABRÁS GANADO MI RESPETO.
Y POR SUPUESTO, RECONOCERÉ EL VALOR DE LOS CONCURSOS...
¿QUÉ ME DICES?
...

VALE.
DE ACUERDO.
ENTONCES... TRATO...
FUOH
HE... CHO...
¡EH! ¡EH! ¡OYE!
POF
¿QUÉ TE PASA?!
¡¡MARCAS DE GARRAS!!
¡AH! ¡AL SALVARME...
...ME HAS PROTEGIDO DE LOS MIGHTYENA QUE NOS PERSEGUÍAN.
Costura
Maquillaje

FUH FUH
BIEN, CREO QUE CON ESTO SE RECUPERARÁ...
LISTO...
BLIP
POR CIERTO... TENER PODER DE COMBATE...
Y QUERER USARLO...
SHAAAA
...SON DOS COSAS DISTINTAS
POF
¡VENGA, VAMOS!
¡80 DÍAS PARA CUMPLIR EL RETO!

MAPA DE LA AVENTURA

ZAFIRO

RUBÍ

CHIC
TORCHIC♀
NV. 14

VILLA RAÍZ

RUTA 101

PUEBLO ESCASO

NANA
POOCHYENA♀

COCO
SKITTY♀

RURU
RALTS♀

MUMU
MUDKIP♂

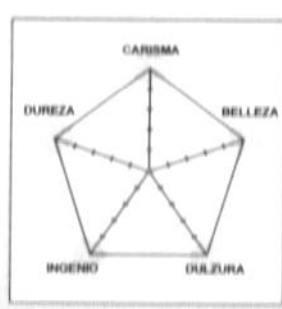

FÉRRICA	AZULIZA	MALVALONA	LAVACALDA
PETALIA	ARBORADA	ALGALIA	ARRECÍPOLIS

	CARISMA	BELLEZA	DULZURA	INGENIO	DUREZ
NORMAL					
ALTO					
AVANZADO					
EXPERTO					

EL DOLOR DE ESPALDA... ¡HA DESAPARECIDO!
¡¿EH?!
UUUH...
UH...
¿HABRÁ SIDO ÉL?
!!
QU... ¿QUÉ ES ESTO?
Quería contarte una cosa.
¿UNA CARTA?
¡¿EEEEH?!
"¡¡ES MI FORMA DE AGRADECERTE QUE ME SALVARAS!! ¡LA HE CONFECCIONADO A PARTIR DE MI PROPIA ROPA! ¡¡PÓNTELA, ¿EH?!!"
"TE HE HECHO ROPA."

¡¿ME HA ESTADO TOMANDO MEDIDAS MIENTRAS DORMÍA?!
¡¿PARA QUÉ NECESITO ROPA?!
¡¿Y A ÉL QUÉ LE IMPORTA SI VOY SIN?!
AH...
CAPÍTULO 94:
Contra Dustox
¡UAAAH!
¡QUÉ BIEN SE SIENTE UNO DESPUÉS DE HABER HECHO UNA BUENA ACCIÓN!

PUEBLO ESCASO.
AÚN...
...TENGO QUE OCUPARME...
¡¡DE TI!!
ZAS
ESTOY AGRADECIDO AL PROFESOR ABEDUL...
PUF
¿PERO EN QUÉ CATEGORÍA PODRÍA PRESENTARTE?
NANA SE OCUPA DEL CARISMA.
RURU DEL INGENIO.
COCO DE LA DULZURA.
TODOS MIS POKÉMON TIENEN CATEGORÍAS ASIGNADAS...
20
19
18
17
16
15
...Y SI PAPÁ DESCUBRE QUE ME HE ESCAPADO DE CASA TENDRÉ QUE LLEVARTE CONMIGO.
ADEMÁS TENGO QUE PENSAR EN LA APUESTA CON ESA CHICA... ¡¡NO TENGO MUCHO TIEMPO!!

CHAC
BUENO, EMPECE-MOS A TRABAJAR EL ATRAC-TIVO.
BUENO, COMO ESTÁS EN MIS EXPERTAS MANOS ACABARÁS CONVIRTIÉNDOTE EN UN POKÉMON ELEGANTE... (PROBABLE-MENTE).
TIENES QUE ESFOR-ZARTE...
PUF
ESE PUENTE SERÁ TU ESCENARIO. ¡ENSÉÑALE CÓMO SE HACE!
¡COCO!
¡LA SKITTY COCO!
¡HA CONQUIS-TADO LAS MÁS ALTAS CIMAS DE LA DULZURA...
...Y SU TERNURA ESTÁ HECHA A PRUEBA DE BOM-BAS!
FIIIS
FIIIS
¡MAGNÍ-FICO!
RURRR RURRR

¿QUÉ? ¿HAS PILLADO LA IDEA?
AHORA PRUEBA TÚ.
EN PRIMER LUGAR PRACTICAREMOS LA MANERA DE ANDAR...
PRIMERO DE FORMA ADORABLE...
¡HUMPF, NO FUNCIONA! ¡PRUEBA A PARECER CARISMÁTICO...!
¡TAMPOCO! ¡¿INTELIGENTE?!
PUES ASÍ TAMPOCO...
¡¿NO PUEDES SER MÁS FLEXIBLE?! ¡FÍJATE EN LAS HOJAS DE ESTOS ÁRBOLES MOVIDAS POR EL VIENTO!
FIUS FIUS
JO, ESTO CADA VEZ VA PEOR...
MIRA, FÍJATE BIEN EN CÓMO SE MUEVE ESTA HOJA.
LA HOJA...
¿EH?

BZZZ
¡UAAAH!
VILLA RAÍZ.
MMMH...
¿FUE ASÍ COMO OCURRIÓ, ZAFIRO?
¿CUANDO TE DESPERTASTE YA NO ESTABA RUBÍ?
NO.
EN MI MOCHILA HABÍA DEJADO EL TELÉFONO Y AL TREECK-KO...
¿AH, Y MI POKÉDEX?
ESO ES TODO, PAPÁ. EN LA CARTA ME PEDÍA QUE TE LO DEVOLVIERA.

CUANDO POR FIN ÍBAMOS A ESTAR TODOS JUNTOS... VA Y SE MARCHA DE CASA...
UUUH...
FFFF
¡OOOH! ¡¿ESTÁ BIEN?!!
TENEMOS QUE LLAMAR AL GIMNASIO DE PETALIA E INFORMAR A NORMAN.
SÍ.
¿DIGA?
AAAH, ERES TÚ. ¿Y RUBÍ?
AÚN NO HA APARECIDO... HE HABLADO CON EL SEÑOR ABEDUL Y SU HIJA. CREO QUE SE HA ESCAPADO DE CASA...
¿QUÉ PODEMOS HACER?
SEÑORA, DÉJEME HABLAR CON ÉL.
¡NORMAN! ¡SOY ABEDUL! DEBEMOS LLAMAR A LA POLICÍA...
¡NO HAY NECESIDAD DE AVISAR A LA POLICÍA...!
¡¡LO BUSCARÉ YO MISMO!!
CRAAAC

EL IDIOTA DE MI HIJO...
ME PARECE QUE HA DESTRUIDO EL TELÉFONO... ES QUE LO HACE SIEMPRE...
¡EH, OYE! ¡¡NORMAN!!
¡UAH!
FMMM
?!
¡WIN!
¿EH?
¡ESTE APARATO LO TENÍA EN EL BOLSILLO! ¡SE ME HA OLVIDADO DEVOLVERLO!
¡OH, NO!
¡CREÍA QUE ERAN UNAS HOJAS Y ERAN LAS ALAS DE UN POKÉMON...!
¡PARECE QUE LO HEMOS ENFURECIDO!
¡RURU, COCO, NANA!
¡FUAAAH!
¡PARECE QUE HA RECONOCIDO A ESTE POKÉMON!
BZZZP... CHAC-CHAC-CHAC-CHAC

¿PERO QUÉ OCU-RRE?
¡ESTÁ SOLTANDO UN POLVO CAPAZ DE DORMIR A UN LUCHADOR PROFESIO-NAL!
¡ESTÁ BIEN!
CHAG
¡VOLVED! ¡RURU, COCO, NANA!
¡AL SER MÁS LENTO NO LE HA AL-CANZADO EL POLVO!
TOP
TOP
BZZZZZ
¡QUÉ VELOCIDAD! ¿ADÓNDE HABRÁ IDO?
ZIIIP
ZIIIP
ZIIIP
ZIIIP
ZIIIP
ZIIIP
ZIIIP
FLU
¡UAAAAAAH!
ZUM
ZUM
SHUUU...

BZZZ
FA
H
TIENE QUE HABER ALGÚN MODO DE VENCERLO...
¡UAAAH!
ZUM
¡¿CÓMO HA SABIDO DÓNDE ESTÁBAMOS?!
!!
ÁREA
GRITO
TAMAÑO
VOLVER
Nº 018 DUSTOX
POKÉMON POLILLA VENENOSA
ALTURA 1,2 M
PESO 31,6 KG
CUANDO DUSTOX BATE LAS ALAS, LIBERA UN POLVILLO FINO QUE EN REALIDAD ES UN PELIGROSO VENENO QUE PUEDE RESULTAR DAÑINO INCLUSO PARA EL MÁS FUERTE DE LOS FUERTES. LAS ANTENAS LE SIRVEN DE RADAR PARA BUSCAR COMIDA.
¡LA ANTENA!
¡TENEMOS QUE LOCALIZARLO! ¡NO PODEMOS QUEDARNOS AQUÍ, SOMOS UN BLANCO FÁCIL!
ZUM
ZUM
ZUM
¿QUÉ PODEMOS HACER?
KU

TAH
ZZZZZZZ
FOA AAAH
POM
BZZZ
BZZZ
BZZZ
BZZZ

¡NOS HAS SALVADO...!
PARECE QUE HOENN ESTÁ REPLETO DE POKÉMON SALVAJES.
LO SIENTO POR EL PROFESOR ABEDUL, PERO LA VERDAD ES QUE ME ALEGRO DE CONTAR CON ESTE APARATO UN TIEMPO MÁS.
CUANDO ME ENCUENTRE CON UN POKÉMON PELIGROSO SIEMPRE PODRÉ HUIR.
Y AL ACABAR EL PLAZO SE LO DEVOLVERÉ A ESA CHICA.
QUEDAN ALGO MENOS DE DOS MESES...
POR OTRO LADO...
¿CÓMO HAS PODIDO DETECTAR LA UBICACIÓN DE UN ENEMIGO TAN VELOZ?
TON
FLAP FLAP FLAP

¡CLARO!
ÁREA
GRITO
TAMAÑO
VOLVER
Nº 007 MUDKIP
POKÉMON PEZ LODO
ALTURA 0,4 M
PESO 7,6 KG
LA ALETA QUE TIENE MUDKIP EN LA CABEZA ACTÚA DE RADAR Y ES MUY SENSIBLE. PUEDE CAPTAR MOVIMIENTOS QUE SE PRODUZCAN EN EL AGUA Y EN EL AIRE, Y TODO LO QUE OCURRA A SU ALREDEDOR, SIN NECESIDAD DE ABRIR LOS OJOS.
EL ENEMIGO TENÍA UNA ANTENA, PERO TÚ TIENES UN RADAR EN LA ALETA.
OJALÁ TUVIERAS OTRAS HABILIDADES.
FUH FUH
¿QUÉ TE PASA? ES TU NOMBRE.
¡M-U-M-U, MUMU!
¡BUENO, VAMOS ALLÁ,
MUMU!
FU
?
ERES ALGO DESCUIDADO, PERO TAMBIÉN PUEDES SER ÁGIL. ¡NO SABÍA EN QUÉ CATEGORÍA PRESENTARTE...
...PERO SERÍA GENIAL QUE TAMBIÉN TRIUNFARAS EN LOS CONCURSOS!

¡¡VAMOS A INTENTARLO!! ¡¿VALE?!
A VEEER...
FRAS
MAPA DE HOEN
TENGO QUE AVERIGUAR DÓNDE CONSEGUIR UN PASE...
...QUE ME PERMITA PARTICIPAR EN LOS CONCURSOS DE HOENN.
MUY BIEN.
CHAC
FUUUM
Z IUM
¡BUENO, A LA PRÓXIMA CIUDAD!

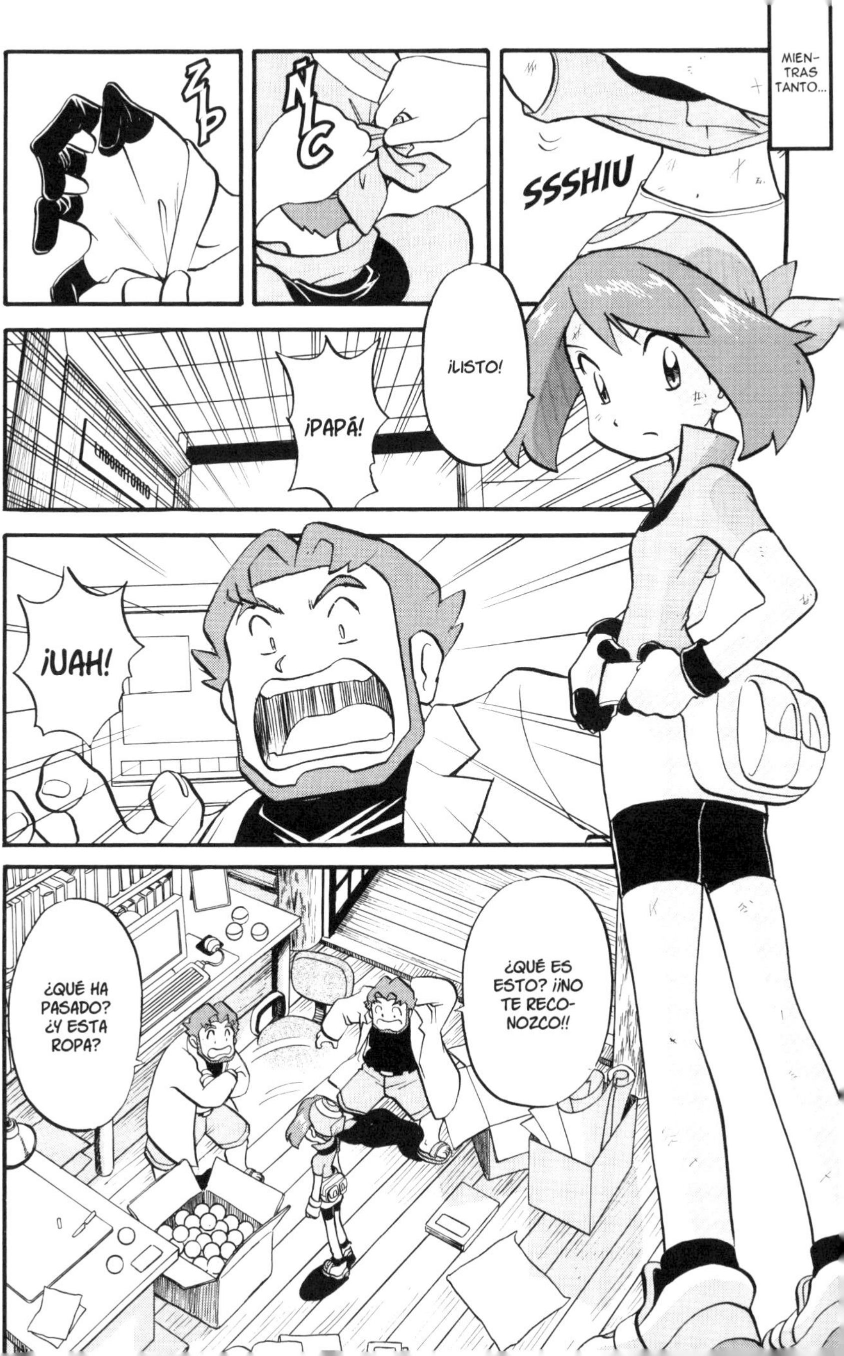
MIEN-
TRAS
TANTO...
SSSHIU
ÑIC
ZIP
¡LISTO!
LABORATORIO
¡PAPÁ!
¡UAH!
¿QUÉ ES
ESTO? ¡¡NO
TE RECO-
NOZCO!!
¿QUÉ HA
PASADO?
¿Y ESTA
ROPA?

¿TE HAS VESTIDO PARA MARCHARTE?
¡HUMPF!
¡¿VAS A CUMPLIR TU SUEÑO DE
VENCER A TODOS LOS LÍDERES DE GIMNASIO DE HOENN?!
¡MUY BIEN!! ¡¡CÚMPLELO Y TRAE BUENAS NOTICIAS!!
FRUS
¡¡SÍ!!
¡¡PAPÁ!!
¡VOLVERÉ CUANDO LO HAYA LOGRADO!
ZAM
DASH
Laboratorio Pokémon
¡¡CHIC!!
¡¡RONO!!
FIUU

¡¡VE Y CUMPLE TU SUEÑO...
¡¡OOOOOH!!
FIUUU
...ZAFIRO!!
ZAAAM
ZOOOOM
¡79 DÍAS PARA CUMPLIR EL RETO!

CIUDAD PETALIA.
BAAAUM
¡¡KYAAAH!!
ZUUUM
CHAC
SCREEECH
ESTAS DEPORTIVAS CON MECANISMO DE ACELERACIÓN INCORPORADO...
ESTÁN MUY BIEN UNA VEZ QUE UNO SE ACOSTUMBRA...
TON TON
¿NO, MUMU?

¡OH!
¡BAYAS
ARANJA Y
BAYAS
MELOC!
¡¡VAMOS
A COGER
UNAS
CUANTAS!!
¡¡MUMU!!
PSHUUU
TCHAC
TCHAC
DASH
FUOSH
FUOSH

CAPÍTULO 95:
Contra Nuzleaf

¡¡UAAAH!!
FASH
FZZZ
FZZZ
FWOSH
ZAH
SHUUUU

BUM
BUM
PAH
PONG
DASH
BAAAM
¿ESTÁS BIEN, MUMU?
TAAH
UO-UOOH...
POING
HIII...!
WIIINH
¿QUÉ HA SIDO ESO...?
¿UN NUZ-LEAF?

¡MIRA!
EL ENEMIGO AL QUE HAS ESPANTADO AL AGARRARLO POR LA NARIZ.
JUSTO LO QUE MÁS LE MOLESTA QUE LE TOQUEN.
ÁREA
GRITO
TAMAÑO
VOLVER
Nº 023 NUZLEAF
POKÉMON ASTUTO
ALTURA 1,0 M
PESO 28,0 KG
NUZLEAF HABITA BOSQUES MUY POBLADOS. Y, EN OCASIONES, SE ATREVE A SALIR PARA ASUSTAR A LA GENTE. A ESTE POKÉMON NO LE GUSTA NADA QUE LE PELLIZQUEN LA NARIZ.
¡¡ESTU-PENDO!!
PERO TIENE QUE HABER ALGUNA RAZÓN...
ZVAH ZAH
...PARA QUE ESE POKÉMON HAYA SALIDO ASÍ DE ENTRE LOS ARBUSTOS.
!!
UUUH...
¡¿QUÉ TE PASA?! ¡¿TE HA ATACADO ESE POKÉ-MON?!
ARF... AGH... HE FALLADO OTRA VEZ.
ESTABA INTENTADO CAPTURAR UN POKÉMON.
HE OÍDO QUE EN ESTE SITIO HAY UN MONTÓN, PERO POR MUCHO QUE LO INTENTO...
ARF... BUF... NUNCA LO CONSIGO.

POR CIERTO, ¡MUCHAS GRACIAS! HA HUIDO GRACIAS A TI.
!!
MENOS MAL QUE TIENES UN POKÉMON TAN FUERTE.
SHIIIN
¿QUÉ? ¿HAS DICHO QUE MI POKÉMON ES FUERTE?
FAM
¡¡LO HAS VISTO A LA PRIMERA!!
¡¡DESDE HOY SEREMOS AMIGOS!!
¡QUIERO ENTRENAR A MIS POKÉMON PARA QUE SEAN...!
¡DUROS!
¡CARISMÁTICOS!
¡DULCES!
¡INGENIOSOS!
¡Y LO VOY A LOGRAR!
¡¡MI NOMBRE ES RUBÍ!! ¡¡ESTE POKÉMON ES UN MUDKIP Y SE LLAMA MUMU!!
¡¡VIAJEMOS JUNTOS POR HOENN!! ¡¡NUESTRO OBJETIVO SERÁ VENCER EN TODOS LOS CONCURSOS POKÉMON!!

¡ERES UN BUEN TIPO! ¡TE AYUDARÉ!
¡¡VAMOS A INTENTARLO!!
GRACIAS.
TRANQUILO. A CAMBIO, CUANDO LLEGUE EL MOMENTO DE LAS VOTACIONES
DE TODOS LOS CONCURSOS...
¡ME VOTAS A MÍ!
ES-TOOO...
GRACIAS, PERO ES QUE...
...LA VERDAD ES QUE AHORA MISMO HABÍA QUEDADO CON ALGUIEN QUE ME IBA A ENSEÑAR TÉCNICAS DE CAPTURA Y...
GLUPS
ESTO ME DA MALA ESPINA...
HM
AH... PARECE QUE YA ESTÁ AQUÍ.
ZAH ZAH ZAH ZAH ZAH
ZAH
ZAH
ES UN TIPO MUY MAJO. TE LO VOY A PRESEN...
¡¡UAH!!
¡¡ESCÓNDETE!!

¡EH, BLASCO!
¡¿PERO POR QUÉ TE ESCONDES?!
LE CONOZCO.
LE CONOZCO BIEN.
PUEDE SER UN HOMBRE TERRIBLE.
¡ES NORMAN, EL LÍDER DE GIMNASIO DE PETALIA!
¡UN HOMBRE CONOCIDO POR SU AMBICIÓN!
Y ADEMÁS...
¡ES MI PADRE!
SSSSH

MAPA DE LA AVENTURA

ZAFIRO

CHIC
TORCHIC ♀
NV. 14

RONO
ARON ♂
NV. 28

RUBÍ

NANA
POOCHYENA ♀

COCO
SKITTY ♀

RURU
RALTS ♀

MUMU
MUDKIP ♂

RUTA 101

PUEBLO ESCASO

RUTA 102

CIUDAD PETALIA

FÉRRICA	AZULIZA	MALVALONA	LAVACALDA
PETALIA	ARBORADA	ALGALIA	ARRECÍPOLIS

	CARISMA	BELLEZA	DULZURA	INGENIO	DUREZA
NORMAL					
ALTO					
AVANZADO					
EXPERTO					

¡¿TU PADRE...?!
¡¿ERES HIJO DE UN LÍDER DE GIMNASIO?!
SSSH...
PE... ¿PERO POR QUÉ TE ESCONDES DE TU PROPIO PADRE?
ESO REQUERIRÍA UNA ENOOORME EXPLICACIÓN...
P... PERO YO TENÍA UNA CITA CON NORMAN...
POR FAVOR, DÉJALO...
¡!
¿UH?
¡¿POKÉMON SALVAJES...?!

VIGOROTH...
SHAA
¡¡GOLPE AÉREO!!
BAZAAM
ZUUM
CAPÍTULO 96:
Contra Breloom
¿BRELOOM?
SU ESPECIALIDAD SON EL JUEGO DE PIES LIGERO Y LOS PUÑETAZOS ELÁSTICOS...
YHM...

...PERO NO ES RIVAL PARA MI VIGOROTH.
FAS
¡CON UN CERTERO GOLPE AÉREO HA SIDO SUFICIENTE!
BIEN, NO ENTIENDO POR QUÉ ESTÁS ESCONDIDO, PERO SAL YA.
SI NO SALES DE AHÍ LOS POKÉMON SALVAJES PODRÍAN VOLVER A ATACAR,
BLASCO.
VO... ¡VOY!
FAH
LO SIENTO, SEÑOR NORMAN. NO ME ENCONTRABA BIEN Y...
...
MUCHAS GRACIAS POR VENIR.
¿VA ENSEÑARME TÉCNICAS DE CAPTURA?
NO.
¡¿EEEEEH?!

¡PERO SI ME LO HABÍA PROMETIDO!
BLASCO, CUANDO ME PEDISTE QUE TE ENSEÑARA,
ME OCULTASTE LO DE TU ENFERMEDAD.
OH... ESO...
ME LO HAN DICHO TUS PADRES...
SÉ QUE TU ENFERMEDAD ES GRAVE...
PARECE QUE VAN A INTERNARTE EN UN CENTRO LEJANO, MAÑANA MISMO.
¿TE HAS FIJADO EN EL COMBATE ENTRE MI VIGOROTH Y ESE BRELOOM?
LOS POKÉMON PUEDEN SER MÁS PELIGROSOS DE LO QUE IMAGINAS, INCLUSO PARA ALGUIEN CON BUENA SALUD. SI ADEMÁS SE ENFRENTAN A TI...
ALGUIEN QUE AÚN NO HA CAPTURADO SU PRIMER POKÉMON...
NO PUEDO HACERME RESPONSABLE... ESA ES LA RAZÓN.
UGH...
GRRR

TAP
NOTO ALGO EXTRAÑO...
DESDE HACE UN RATO PERCIBO UNA PRESENCIA EXTRAÑA.
OH, VAYA...
¡¡SLAKING!!
POM
GRAAUR
ZAAAM
TÚ, EL EMBOSCADO...
¡SAL YA!
¡EL PODER DEL CONTONEO DE SLAKING TE DEJARÁ DEMASIADO CONFUSO COMO PARA PODER HUIR...!
VOY A BUSCARTE...
ZAH

...
ZAH
¿ME LO HABRÉ IMAGINADO?
FRIS FRIS
¡POR LOS PELOS!
¡COCO HA USADO VELO SAGRADO Y HEMOS PODIDO EVITAR QUE NOS DESCUBRIERA!
ARRIBA.
!!
¡BLASCO!

NO SABEMOS QUIÉN ERES...
PERO MUCHAS GRACIAS.
BLASCO SIEMPRE HA TENIDO PROBLEMAS DE SALUD...
YA ES MUY TARDE. POR FAVOR, QUÉDATE EN NUESTRA CASA.
PUES YA QUE INSISTEN, MUCHAS GRACIAS...
¡LA VERDAD ES QUE ESTOY DESEANDO SALIR PITANDO DE ESTA CIUDAD!
¡BLAM!
RUBÍ...
PERDONA...
¿ESTÁS DESPIERTO?
MIS PADRES LE HAN PEDIDO AL SEÑOR NORMAN
QUE NO ME AYUDE A CAPTURAR POKÉMON...
ASÍ QUE... QUIERO MUDARME A UNA CIUDAD DONDE NO ME CONOZCAN... OLVIDARME DE ESTE LUGAR...
...
BLASCO, YA TE HE CONTADO QUE MI OBJETIVO ES GANAR TODOS LOS CONCURSOS.

¡MI PADRE DICE QUE LOS CONCURSOS SON RIDÍCULOS! ¡QUIERE OBLIGARME A PRACTICAR EL COMBATE POKÉMON!
¡ASÍ QUE ME HE ESCAPADO DE CASA!
CLAC
LO CIERTO ES QUE...
LOS PADRES SIEMPRE SE PREOCUPAN
CUANDO LOS HIJOS EMPIEZAN ALGO POR SÍ MISMOS.
¡VAYAMOS ESTA TARDE, BLASCO! ¡¡AL MISMO SITIO!!
¡NO TE DEJES DESANIMAR POR LOS ADULTOS!
¡TE DEJO A MI POKÉMON RALTS, SE LLAMA RURU! ¡¡POR ESTA NOCHE!!
¡DE ACUERDO!
PERO NO ME LA ENSUCIES, ¿EH?

CIUDAD PETALIA.
COF COF
ZAS ZAS
¡MUY BIEN, BLASCO! ¡YA HEMOS LLEGADO AL SITIO!
¡VAMOS A CAPTURAR TU PRIMER POKÉMON!
¡CUIDADO!
TERREMOTOS Y TSUNAMIS FRECUENTES. POR FAVOR MANTÉNGASE ALEJADO
¡SÍ, SÍ! HMM...
PERO... ¿NO SERÁ PELIGROSO? ASÍ, EN PLENA NOCHE...
¿QUÉ TE HE DICHO ANTES?
MIRA.
POR LA NOCHE BROTA LA BELLEZA NOCTURNA.
POP
PIP
POP
¡OOOH!

QUÉ HERMOSO.
¡MIRA, ALLÍ HAY OTROS!
ESTOS SON MUY MONOS.
¡ESE PARECE INTELIGENTE!
HMMM... ¿QUÉ HACEMOS, BLASCO? ¿A POR CUÁL VAMOS?
¿HAS TRAÍDO UNA POKÉ BALL VACÍA?
ERAAS
¡¡EH, MIRA, RUBÍ!!
CAPÍTULO 97:
Contra Kecleon
QU... ¡¿QUÉ?!
¡¡HAY ALGO EXTRAÑO QUE FLOTA Y SE MUEVE EN EL AIRE COMO EN ZIGZAG!!

BI
ING
¡QUÉ GRIMA! ¿SERÁ ALGÚN POKÉMON?
?
¡¡NO LO PERSIGAS!!
¡DÉJALO, MUMU!
¡¡ATRÁS, BLASCO!!
¡¡UNA FUERZA INVISIBLE HA ACTUADO SOBRE MUMU!!
PLOF
ZAP
ZAP
ZAP
!!

¡ES...
SHAAAA
...UN KECLEON, EL POKÉMON CAMALEÓNICO!
PIU
GGG
¡EL MOVIMIENTO INVISIBLE LO HA REALIZADO CON ESA LARGA LENGUA!
FUUUUM
GZAAAA
¡AH, BLASCO!
E... ¡¡ESPERAAA!!

A MÍ ME PARECE... QUE ESE POKÉMON ESTÁ BIEN, ¿NO?
RUBÍ...
¿EH?
BUFFF, BUF.
¡NO VAYAS TRAS ÉL, DA IGUAL! HAY UN MONTÓN DE POKÉMON.
¿ESTÁS SEGURO?
FRU FRU
¡¡UN POKÉMON ASÍ NO PUEDES PRESENTARLO NI EN LA CATEGORÍA DE BELLEZA NI EN LA DE CARISMA!!
¿ESTÁS CHALADO? ¡¡BLASCO!!
AH...
FRAS
ZA ZA ZA
ESTÁ BIEN, COMO TÚ VEAS...
ME HA PARECIDO INTERESANTE ESO DE QUE PUDIERA HACERSE INVISIBLE.
¡UAAAH!

¡OH, QUÉ PAISAJE! ¡¡NO SABÍA QUE ESTE LADO DE PETALIA DABA AL MAR!!
ES LA RUTA 105. PERO YA NO VIENE MUCHA GENTE DESPUÉS DEL GRAN TSUNAMI.
¡AHÍ, ESTÁ! ¡EL KECLEON DE ANTES!
¡MUY BIEN, BLASCO!
¡¡TE PRESTO A RURU!!
¡NOS ACER-CAREMOS MIENTRAS REALIZAMOS UN MOVI-MIENTO!
¡SÍ!
POM
¡¡VAMOS, RURU!!

BRZZZ
¡MUY BIEN, BLASCO!
¡ES EL MOVIMIENTO ESPECIAL DE RURU, CONFUSIÓN!
¡¡NO RETROCEDAS, CONTINÚA CON OTRO MOVIMIENTO!!
BI... ¡BIEN!
¡¡MUY BIEN, BLASCO!!
¡¡LANZA LA POKÉ BALL!!
¡¡TOMA!!
ZAAAM
SHUUP

¡VOY!
¡VENGA, NO PARES! ¡¡OTRA VEZ!!
PUAGH
COF
UH...
COMPORTAMIENTO ASQUEROSILLO... CADA VEZ PARECE MÁS FEO...
¿ESTÁS BIEN, BLASCO?
ARF... AFH...
CHAC
ZAS
SIGO SIN PODER CAPTURAR PARA NADA... PERO YA NO ESTOY FRUSTRADO.
ARF... AFH... ES CURIOSO...
AL CONTRARIO, ¡ME ESTOY DIVIRTIENDO!

ES PORQUE HE VENIDO CONTIGO, RUBÍ.
JA, JA, JA, JA... PUEDE SER...
ENTIENDO QUE TE SIENTAS ASÍ, BLASCO...
MIRA EL COLMILLO DE RURU...
FUIIIIIII
¿ESTÁ BRILLANDO LIGERAMENTE?
RALTS ES UN POKÉMON SENSIBLE, A TRAVÉS DE SUS COLMILLOS PUEDE CAPTAR EMOCIONES...
ÁREA
GRITO
TAMAÑO
VOLVER
Nº 029 RALTS
POKÉMON SENSIBLE
ALTURA 0,4 M
PESO 6,6 KG
RALTS PERCIBE LAS SENSACIONES DE LA GENTE POR LOS COLMILLOS QUE TIENE ENCIMA Y DETRÁS DE LA CABEZA. NO ES COMÚN QUE ESTE POKÉMON APAREZCA EN PÚBLICO, PERO CUANDO LO HACE, SE ACERCA SI VE BUENA DISPOSICIÓN EN LA GENTE.
...ASÍ QUE PUEDO VER LO BIEN QUE TE SIENTES.
...
GRACIAS, RUBÍ.
OH...
QUERÍA DARTE LAS GRACIAS...
CLAN
TOMA ESTO, POR FAVOR.

WIIINH
CHAC
LO ÚLTIMO DE DEVON S.A. PARA ENTRENADORES DE POKÉMON.
UN POKÉ-NAVEGADOR, EL POKÉNAV.
¿EH?
MUESTRA EL ESTADO DE TUS POKÉMON, ES PERFECTO PARA TUS CONCURSOS, RUBÍ.
ESTADO
MIS POKÉMON
CARISMA
DUREZA
BELLEZA
INGENIO
DULZURA
ESTABA AHORRANDO EN SECRETO PARA COMPRARLO, PARA CUANDO CAPTURARA MI PRIMER POKÉMON.
WIIINH
WIIINH
¡¡POR SUPUESTO!!
¿QUÉ TE PARECE SI VOLVEMOS A QUEDAR MÁS TARDE...?
¡ESTÁ CAMBIANDO DE COLOR PARA CAMUFLARSE!
FUH
EL KECLEON SE HA DEBILITADO GRACIAS AL MOVIMIENTO DE RURU.
FUH
¡¡MARAVILLOSO!! ¡¡¡UN APARATO ESTUPENDO!!!
¡¿DE VERDAD ME LO DAS?! ¡¿ME LO DAS?!
JA, JA, JA...

ZUH
¡¡ES VERDAD!!
FIU FIU
¡HAGAMOS COMO QUE LO HEMOS PERDIDO DE VISTA!
S... SÍ...
ZAH ZAH
BIEN... CREE QUE NO LO VEMOS...
PERO LO TENEMOS CALADO.
¡¡POR ESAS LÍNEAS QUE TIENE EN LA TRIPA!!
¡¡ES CAPAZ DE FUNDIRSE CON EL PAISAJE MUDANDO DE COLOR...
ÁREA GRITO TAMAÑO VOLVER
Nº 145 KECLEON POKÉMON CAMALEÓNICO
ALTURA 1,0 M
PESO 22 KG
KECLEON PUEDE ALTERAR LA PIGMENTACIÓN DE LA PIEL PARA MEZCLARSE CON SU ENTORNO. LO ÚNICO QUE NO ES CAPAZ DE CAMBIAR ES EL TRAZADO EN ZIGZAG QUE TIENE EN LA PANZA.
...EXCEPTO POR ESAS LÍNEAS!!
¡¡CORRE, BLASCO!!
DASH
¡LA POKÉ BALL...!
¡¡LÁNZALA!!
ZAAAS

CLO
CLONC CLONC CLONC
CLONC
CLONC
CLONC
TAP
TAP
UN...
HE CAPTURADO...
¿ESTÁ...?
AFG
ARF
¡¡HE CAPTURADO A MI PRIMER POKÉMON!!
¡¡ASÍ SE HACE, BLASCO!!
SÍ.
AHORA PUEDO MUDARME A PUEBLO VERDEGAL, SIN REMORDIMIENTOS.
CRAC

GROOO
¡¿EEEEH?! ¿TE MUDAS A PUEBLO VERDEGAL?
ARF... BUF... AHORA QUE ME ENCONTRABA TAN BIEN, ME EMPIEZA A DOLER EL PECHO.
¡EH, NO VUELVAS A CAER SOBRE MÍ!
JA, JA, JA...TRANQUILO.
CREC
CREC
POR CIERTO... ¿NO OYES ALGO EXTRAÑO?
¡CIERTO!
BRRRRR
¡PUEDE SER UN TERREMOTO! ¡ÚLTIMAMENTE HA HABIDO MUCHOS!
¡RÁPIDO, VOLVAMOS A LA CIUDAD!
BROOOM
CRAAAC
¡UAAAH!
BOOOOM

¡¡RUBÍ!!
¡¡RURU...!! ¡CUIDA DE...!
¡CUIDA DE BLASCO!
BROOOOM
SPLASH
¡ARGH!
¡¡RUBÍ!!
SPLOOSH
¡¡RUBÍ————!!

KIII
PUEBLO VERDEGAL
UH...
UH...
¿EEEH...? RURU.
¿TÚ ME HAS TRAÍDO A CASA?
TENGO QUE SALVAR A RUBÍ. TENGO QUE AVISAR DE...
COF
ÑUC
!!
¿POR QUÉ ME DETIENES?
¡RUBÍ PODRÍA ESTAR EN EL FONDO DEL MAR!
FUAAAH
¿TU COLMILLO ESTÁ BRILLANDO?
ASÍ QUE...
¿...HAS CAPTADO SUS EMOCIONES?
¡¿RUBÍ...
...ESTÁ VIVO?!
¡77 DÍAS PARA CUMPLIR EL RETO!

MAPA DE LA AVENTURA

ZAFIRO

CHIC
TORCHIC ♀
NV. 15

RONO
ARON ♂
NV. 29

RUBÍ

NANA
POOCHYENA ♀

COCO
SKITTY ♀

MUMU
MUDKIP ♂

PUEBLO ESCASO

RUTA 102

CIUDAD PETALIA

RUTA 104

RUTA 105

FÉRRICA	AZULIZA	MALVALONA	LAVACALDA
PETALIA	ARBORADA	ALGALIA	ARRECÍPOLIS

	CARISMA	BELLEZA	DULZURA	INGENIO	DUREZA
NORMAL					
ALTO					
AVANZADO					
EXPERTO					

FLOAASH
BLA BLA
BLA BLA
AFUERAS DE CIUDAD PETALIA.
RUTA 104.
BLA BLA BLA
AH, GABI...
¡¿PERO QUÉ ES ESTE ALBOROTO?!
¡¡NNNGH!!
¿QUÉ OCURRE? ¿LA CHICA HA QUEDADO ATRAPADA EN LA FUENTE?
NO, EL QUE HA QUEDADO ATRAPADO ES UN POKÉMON, AUNQUE NO SE SABE MUY BIEN POR QUÉ.
Y LA CHICA ESTÁ INTENTANDO SALVARLO.
CAPÍTULO 98:
Contra Lombre

¿ES EL POKÉMON DE LA CHICA?
NO, NO ES SUYO.
MUCHACHA, DÉJALO YA...
¡¿QUÉ ESTÁS DICIENDO?! ¡TIENE QUE ESTAR AQUÍ!
¡TENGO QUE ENCONTRARLO!
AH... AAAH...
¡SI NO ESTÁ EN EL AGUA DEBE DE ESTAR ATASCADO EN LA FUENTE!
HAY UN ATASCO EN LAS TUBERÍAS...
¡¡ES POR ESO QUE EL AGUA SALE ASÍ DE ALTA!!
ES PELIGROSO...
¡¿CÓMO QUE "PELIGROSO"?! ¡¡MÁS PELIGROSO ES DEJARLO AHÍ!!
¡¿DÓNDE ESTÁ LA GENTE DEL DEPARTAMENTO DE AGUAS?!
¡¡SI ESPERAMOS A QUE VENGAN SERÁ DEMASIADO TARDE!!
TAP
PERO...
CREO QUE PUEDO DETECTAR DÓNDE SE ENCUENTRA...
SNIF SNIF
SNIF

CRUNCH
CRUNCH
¡¡YA SÉ!!
POING
¡¡RO-NO!!
¡¡EEEH!!
ÑAUM
ÑAM
¡¿SE ESTÁ COMIENDO LA FUENTE?! ¡¿ESE POKÉMON ES CAPAZ DE COMERSE UNA CONSTRUCCIÓN DE HIERRO?!
ÑAM ÑAM
¡MUY BIEN!
FLOAASH
¡KIAH!
¡¡UAAAH!!
¡¡¡VAMOOOOOS!!!

SHUAAASH
!!
PLIC...
PLIC
AH... AAAH...
¿QUÉ...? ¿QUÉ HA OCURRIDO?
OOOOH
¡¡CASTFORM!!
¡¿EL OLOR?! ¡¿HAS OÍDO, GABI?!
¡HE SEGUIDO EL RASTRO DE UN OLOR SIMILAR AL SUYO!
PAM
¡ES DEMASIADO PRONTO PARA ESO! ¡¡CHIC!!
¡GRACIAS! ¡DE VERDAD, MUCHAS GRACIAS!

FWOSH
¡RÁPIDO, CALIÉNTALE EL CUERPO!
GROMF ♫ GROMF
QUÉ LE VAMOS A HACER, ES QUE ES UN GLOTÓN...
WHIIINH
GROMF GROMF
¿Y TU POKÉMON ESTÁ BIEN? ¿DESPUÉS DE HABERSE COMIDO UNA COLUMNA DE HIERRO?
¡¡NO HAY PROBLEMA!!
ÁREA
GRITO
TAMAÑO
VOLVER
Nº 070 ARON
POKÉMON CORAZA FÉRREA
ALTURA 0,4M
PESO 60,0 KG
ESTE POKÉMON TIENE EL CUERPO DE ACERO. PARA MANTENERLO, SE ALIMENTA DEL HIERRO QUE SACA DE LAS MONTAÑAS. A VECES CAUSA VERDADEROS PROBLEMAS, PUES SE COME INCLUSO PUENTES Y VÍAS DE TREN.
¡EL HIERRO ES LA COMIDA FAVORITA DE LOS ARON!
AH... ¡¡PUES ES VERDAD!!
¡OYE, ¿ESE NO ES EL PRESIDENTE DE DEVON S.A.?!
¡¡UN POCO DE PROFESIONALIDAD, HOMBRE!!
¡OOOH, TODO HA SALIDO BIEN!

¿QUÉ OCURRE?
POR FAVOR, ¿PODRÍAMOS HABLAR UN MOMENTO CONTIGO?
¡VAMOS!
¡AHORA MISMO!
¡¡"UNA CHICA RESCATA AL POKÉMON DEL SEÑOR PEÑAS"!! ¡¡UN TITULAR JUGOSO!! ¡CONSIGUE UNA ENTREVISTA CON ELLA!
AAAH... CLARO, QUE ESTO ES LA CIUDAD. ES LO QUE TIENE SALIR DEL PROPIO PUEBLO Y CONOCER MUNDO...
¿ERES DE LA TELE?
?
¡¿EEEH?! ¡¿QUÉ ESTÁS HACIENDO?!
POING
¡PUES LO SIENTO, PERO A MÍ NO ME GUSTA LA TELE!
¡¡ESTA REJA EN EL INTERIOR DE LA FUENTE ESTÁ CORTADA!! ¡¡ESO FUE LO QUE SUCCIONÓ AL POKÉMON DEL PRESIDENTE!!
¿QUÉ ES ESTO?

DEPARTAMENTO DE AGUAS
TSK...
¡LAS COSAS SE HAN TORCIDO...!
¡¡TODO IBA SOBRE RUEDAS HASTA QUE HA APARECIDO UNA CHICA QUE HA DESTRUIDO LA FUENTE!!
¿¡UNA CHICA HA DESTRUIDO LA FUENTE?! ¡¡DÉJATE DE BROMAS!!
¡¡NO ES NINGUNA BROMA!!
EL PRESIDENTE VIENE A PASEAR POR AQUÍ TODOS LOS DÍAS. SEGÚN NUESTRO PLAN SU POKÉMON DEBÍA QUEDAR ATRAPADO EN LA FUENTE...
...Y ACTO SEGUIDO LO SECUESTRARÍAMOS DISFRAZADOS DE EMPLEADOS DEL DEPARTAMENTO DE AGUAS. PERO ESA CHICA...
DE ACUERDO.
AUNQUE NO VAMOS A ABORTAR LA MISIÓN.
HOY ES EL DÍA EN QUE SECUESTRAMOS AL PRESIDENTE.
NUESTRA INTENCIÓN ERA ACTUAR DE INCÓGNITO.
PERO NO HAY OTRO REMEDIO...

¡¡SEGUID VUESTRO PROPIO CRITERIO, PERO SEGUIMOS ADELANTE!!
¡SÍ, SEÑOR!
FAH
¿CÓMO TE LLAMAS? ¿ERES DE POR AQUÍ?
NO. ESTOY DE PASO.
VOY A VENCER A TODOS LOS LÍDERES DE GIMNASIO DE HOENN.
MI NOMBRE ES ZAFIRO.
¿AH, SÍ?
YO ME LLAMO PEÑAS.
QUIERO DARTE LAS GRACIAS.
MI EMPRESA ESTÁ AQUÍ, EN LA CIUDAD DE AL LADO... SI VIENES YO...
SNIF SNIF
?!
PAM

SHIIIN
¡DENTRO DE LA FUENTE!
¡¡TODAVÍA HAY ALGO AHÍ!!
GRAARG

¡¡CHIC!!
¡¡RONO!!
GRAA
BAM
FIUUU
BLAM
¡UAAAH!
ZAP ZAP ZAP
SHAAA

ZAH
CHAC
¡¿SE ENCUENTRA BIEN?!
¡ESE LOMBRE SE HA LLEVADO ALGO DE LOS BOLSILLOS DEL PRESIDENTE...!
UGH...
BOOOOM
¡¡AGÁRRESE!!
CHAC
DASH
CAPÍTULO 99:
Contra Ludicolo
¡¡VAMOS TRAS ESE POKÉMON!!

DASH
¡TEO, TODO FORMABA PARTE DE UN PLAN!
¿EEEH? ¡¿QUÉ QUIERES DECIR?!
LA REJA DEL INTERIOR DE LA FUENTE ESTABA SE-RRADA.
POR ESO EL POKÉMON DEL PRESI-DENTE FUE SUCCIONA-DO.
Y AHORA ESE OTRO POKÉMON LLEVÁNDOSE ALGO DE SUS BOLSILLOS... DEMASIADA COINCIDENCIA...
TIENES RAZÓN, CHICA DE LA TELE.
¡ESTABAN RECIBIENDO INSTRUC-CIONES!
¿Y CÓ-MO LO SABES?
POR LA MARCA.
¡LOS TRES...
...LLEVABAN EL MISMO SÍMBOLO!

¡¿UNA MARCA?! ¡¿PERO CÓMO TE HA DADO TIEMPO A...?!
¡QUÉ RAPIDEZ...!
¡ES UNA PENA...
...PERO ESE LOMBRE SE HA PERDIDO ENTRE LOS ÁRBOLES!
EL BOSQUE PETALIA...
TAMBIÉN CONOCIDO COMO EL BOSQUE PERDIDO...
ZAH
ZAH
ZAS
¿TE LLAMABAS ZAFIRO?
¿NO CREES QUE ES PELIGROSO AVANZAR A CIEGAS CARGANDO CON UN HOMBRE HERIDO?
SSSH...
...
HAY ALGUIEN HABLANDO EN SUSURROS.
¿EH? ¿DÓNDE?
QUIEREN ATRAERNOS HACIA EL INTERIOR
PARA QUE NO ENCONTREMOS LA SALIDA.

¡DESDE QUE NACÍ ME HE CRIADO EN LA NATURALEZA!
¡¡DE HECHO ME ENCUENTRO CON MUCHA MÁS ENERGÍA EN EL BOSQUE QUE EN LA CIUDAD!!
ES UNA PENA, PORQUE MI PAPÁ ES UN CIENTÍFICO QUE HA ESTUDIADO LOS POKÉMON DE LAS MONTAÑAS, LOS MARES Y LOS BOSQUES.
¡ALLÍ!
¡¡CHIC!!
!!
BAUM
¡HAY UNA ABERTURA EN LOS ARBUS-TOS...!
¡HAY ALGUIEN DEN-TRO!

JU, JU, JU... DAÑO SECRETO ES UN MOVIMIENTO POKÉMON...
...QUE PERMITE CREAR UN ESPACIO VACÍO EN ROCAS Y VEGETACIÓN.
LA VERDAD ES QUE LO DE LA FUENTE HA SIDO TODA UNA SORPRESA...
AHÓRRATE LOS HALAGOS Y DISCURSITOS.
¡¡UTILIZÁIS POKÉMON PARA ROBAR A LA GENTE!!
¡¡¿DÓNDE ESTÁ EL LOMBRE DE HACE UN MOMENTO?!!
¡KIAAAAH!
ZAH
BLOPS
BLOP PLOP

GRAB
¡¡DETENEDLOS, CHICRONO!!
BAASH
OH, QUÉ PENA. TU TORCHIC Y TU ARON ESTÁN MÁS DÉBILES Y HERIDOS DE LO QUE PENSABAS.
GIUUUUU
Y AHORA, SOLO POR ASEGURARNOS...
...AQUÍ TENÉIS UN POKÉMON EVOLUCIONADO HASTA SU ÚLTIMO ESTADO...
¿HAS OLVIDADO QUE HACE UN MOMENTO SE HA ENCONTRADO CON UN SHARPEDO?
EL CUERPO DE SHARPEDO ES ESPECIAL. GRACIAS A SU PIEL TOSCA BASTA CON ROZARLO PARA QUE EL OPONENTE VEA MINADAS SUS FUERZAS.

GRAUUR
GRAUUR
LOMBRE HA EVOLUCIONADO GRACIAS A LA PIEDRA AGUA...
¡¡...A LUDICOLO!!
GRAUUR
GRRRRRR
¡¡CHIC!! ¡¡RONO!!
¡¡AH, LOS DE LA TELE!!
RIIIING
¿QUÉ TAL ESTÁN LAS COSAS, MATÍAS?
AMBER...
SILVINA...
¡LÍDER AQUILES!
¡TODO HA SALIDO A LA PERFECCIÓN!

EN EL ASTILLERO DE CIUDAD PORTUAL ESTÁN ULTIMANDO LA CONSTRUCCIÓN DEL SUBMARINO EXPLORADOR 1.
EL SUBMARINO REQUIERE UN COMPONENTE ESPECIAL DE ARRANQUE FABRICADO POR DEVON S.A.
HOY ERA EL DÍA EN QUE EL PRESIDENTE DE LA COMPAÑÍA DEBÍA ENTREGAR EL COMPONENTE, IBA A HACERLO MIENTRAS FINGÍA DAR UN PASEO.
AHORA ESTÁ EN NUESTRAS MANOS.
PERFECTO...
PERO...
LAS PERSONAS QUE HAN VISTO NUESTRAS CARAS...
¡¡DEBEN SER SILENCIADAS!!
¡¡TENEMOS QUE ESCAPAR!!
¡¡Y RÁPIDO...!!
FIU

WAAAAH
¡¡AHORA, CHIC!!
PAAAH
SHAAAA
¿ESTARÁ INTENTANDO DECIRME ALGO?
¿EL CASTFORM QUE HE RESCATADO ESTÁ CAMBIANDO DE FORMA?
¡¡ENTENDIDO!!
¡¡¡QUEEEE...!!!
KUWAAAA
HYUUN

BOOOOM
¡¡HAN DESAPARECIDO!!
UH...
AFG...
ARF...
BIENVENIDO A CIUDAD FÉRRICA
LA ENTRADA A CIUDAD FÉRRICA... ¿HABREMOS SALIDO DEL BOSQUE?
ARF...
AFG...
¿NOS HAS SALVADO TÚ SOLA?
HA SIDO CASTFORM.

CASTFORM ES UN POKÉMON QUE CUANDO PRESIENTE CAMBIOS EN EL TIEMPO CAMBIA DE FORMA.
ÁREA
GRITO
TAMAÑO
VOLVER
Nº 142 CASTFORM
POKÉMON CLIMA
ALTURA 0,3 M
PESO 0,8 KG
EL TIPO DE CASTFORM CAMBIA CON LAS VARIACIONES DEL TIEMPO. ESTE POKÉMON CONSIGUIÓ APRENDER A USAR EL GRAN PODER DE LA NATURALEZA PARA PROTEGER EL PEQUEÑO CUERPO QUE TIENE.
HE SABIDO QUE IBA A CAMBIAR EL TIEMPO Y A SALIR EL SOL...
...Y BAJO SUS RAYOS LOS MOVIMIENTOS DE TIPO FUEGO SE INTENSIFICAN.
GRACIAS, CASTFORM.
TAL VEZ QUERÍA DEVOLVERLE EL FAVOR A SU SALVADORA.
JE, JE...
UH... UUUH...
¡AH!
PRESIDENTE.
¿ESTÁS BIEN?
EL COMPONENTE... EL COMPONENTE DEL SUBMARINO...
¡LO SIENTO, NO HE CONSEGUIDO RECUPERARLO!
AH...
SOMOS DE HOENN TV. AVISAREMOS A LA POLICÍA Y A LA GENTE DE DEVON S.A.
AH... GRACIAS.
ZAFIRO...

QUIERO QUE LE CUENTES LO QUE HA PASADO.
...BUSCA A UN HOMBRE LLAMADO MÁXIMO Y ENTRÉGALE ESTA CARTA.
DEVON S.
DICES QUE ESTÁS VIAJANDO POR HOENN, ¿VERDAD?
FRAS FRAS
¿ME PODRÍAS HACER UN FAVOR?
...PASES POR PUEBLO AZULIZA...
CUANDO EN TU VIAJE...
MUY BIEN.
¡¡PRESIDENTE!!
CONFÍO EN TI... MÁXIMO ES MI HI... UUUH...
¡DÉJALO EN MIS MANOS!

Ciudad Férrica.
¡Confía en mí, presidente!
¡Encontraré a ese Máximo y le entregaré la carta!
Aunque si esos tipos vuelven, ¿seré capaz de hacerles frente?
Podrían derrotarme...
Necesito hacerme más fuerte...
Gimnasio de Ciudad Férrica
Y mi plan para hacerme más fuerte...
¡...Pasa por aquí!
CLAC

CAPÍTULO 100:
Contra Nosepass
(1ªparte)
¡ESCUCHAD!
FAH
¡¡ESTOY AQUÍ PARA RETAR AL LÍDER DE GIMNASIO!! ¡¿DÓNDE ESTÁ?!
NORMALMENTE EN ESTOS SITIOS LOS ENTRENADORES PUEDEN MEJORAR SUS HABILIDADES COMBATIENDO CON LOS LÍDERES DE GIMNASIO.
¿QUÉ HACEN AQUÍ ESTAS MESAS Y BANCOS? ESTO NO ES UN GIMNASIO.
SSSH
?

BOM BOM
DING DONG DING DONG
¡!
¿DE QUÉ VA ESTO...?
DASH
¡TODO EL MUNDO SE HA PUESTO A ESTUDIAR!
PE... ¿PERO QUÉ...?
FUH FUH
UH...
GIMNASIO DE CIUDAD FÉRRICA
¡AH, PUES NO!
CLAC
PUES NO ME HE EQUIVOCADO. EL MAPA QUE ME ENTREGÓ LA REPORTERA ESTÁ BIEN.
PERO EL LÍDER DE GIMNASIO NO ESTÁ, ¿HABRÁ CERRADO?

SI ME ESTABAIS ESPERANDO, AQUÍ ESTOY.
Hosp
Hospital de ciudad Férrica
MENOS MAL, LO DEL PRESIDENTE NO PARECE GRAVE.
PUES SÍ.
POR OTRO LADO, ESTE ASUNTO...
...PARECE MÁS SERIO DE LO QUE CREÍAMOS.
¿EH? ¿A QUÉ TE REFIERES?
LAS NORMAS DE LA CADENA...
...PARECE QUE NO PODEMOS DIFUNDIR LO QUE HEMOS VISTO EN EL BOSQUE PETALIA.
OFICIALMENTE EL PRESIDENTE ESTABA PASEANDO CUANDO, DE MODO ACCIDENTAL, HA SIDO ATACADO POR UN POKÉMON SALVAJE.

SI NO FUERA POR LAS NORMAS DE LA CADENA, MÁXIMO PODRÍA ENTERARSE DE LO QUE HA OCURRIDO VIENDO LAS NOTICIAS.
LO QUE MÁS ME EXTRAÑA ES ESA CARTA QUE EL PRESIDENTE HA ENTREGADO A ZAFIRO.
¡PENSABA QUE TENÍAMOS NUESTRA PRIMERA EXCLUSIVA!
¡¿EEEH?! ¡¿Y TODO LO QUE HE GRABADO?!
¡¡CLARO!! ¡EL PRESIDENTE SABÍA QUE LAS NOTICIAS NO SE IBAN A HACER ECO DE LO OCURRIDO!
¡CIERTO! ¡EL PRESIDENTE LE ENCARGÓ A ZAFIRO QUE ENTREGARA LA CARTA PERSONALMENTE!
¡¿QUÉ HABRÁ ESCRITO EN ESA CARTA?!
¡¿O RECURRIR A LOS EMPLEADOS DE DEVON S.A.?!
¡¿POR QUÉ NO UTILIZAR EL TELÉFONO O EL CORREO ELECTRÓNICO?!
¡¿QUERRÁ UTILIZAR SU PROPIA RED DE CONTACTOS?!
¡Y NO SOLO ESO! ¡LA DIVISIÓN DE DEVON S.A. EN HOENN ES ENORME!
¡¡HEMOS VISTO LAS CARAS DE LOS SECUESTRADORES!!
¡AL MENOS TENEMOS UNA PISTA!
¡¡¿PERO QUÉ DICES, TEO?!! ¡¡ESTO ES PERIODISMO DE VERDAD!!
PAF
GABI, CREO QUE SERÍA MEJOR QUE NOS OLVIDÁRAMOS DE TODO ESTO...
E... ESTO ESTÁ EMPEZANDO A DARME MIEDO.

¡¡ZAFIRO DIJO QUE SUS POKÉMON LLEVABAN LA MISMA INSIGNIA!!
¡¡Y EN LOS PAÑUELOS ATADOS A LA CABEZA HABÍA UN SÍMBOLO!!
BUSCANDO...
STOP
WIIINH
¡SEGURO QUE ES EL SÍMBOLO DE UNA ORGANIZACIÓN CRIMINAL!
¡¡VAMOS A INVESTIGARLO!!
ES VERDAD.
¡¿QUÉ...?! ¡¿APARECE?!
U... UN MOMENTO.
¡¡AQUÍ ESTÁ, GABI!!
EQUIPO AQUA...
¡¡EL EQUIPO AQUA!!
EQUIPO AQUA

SOY LA LÍDER DE GIMNASIO DE CIUDAD FÉRRICA.
¡ME GRADUÉ CON HONORES EN LA ESCUELA DE ENTRENADORES DE ESTA CIUDAD!
¡MI NOMBRE ES PETRA!
¡¡ESTUDIAR ES ESTUPENDO!!
¡¡TÚ TAMBIÉN PUEDES GRADUARTE CON HONORES!!
Graduada en la escuela de entrenadores.
Líder de gimnasio de Férrica.
El examen especial de Petra.
¿¡ERES LA LÍDER DE GIMNASIO?!
DASH
¡¡HE VENIDO... A RETARTE!!
¡AHORA REPARTIRÉ LAS HOJAS DE LOS EXÁMENES!
EH...
PE... ¡¡PERO YO HE VENIDO A COMBATIR!!
¡¡POR FAVOR, CUANDO ACABE LA CLASE DÉJAME COMBATIR CONTIGO!!
POIN
POIN

¡KYAAAH!
POM
¡UN MOMENTO! ¡UN MOMENTO! PE... ¿¡PERO QUÉ HACÉIS?!
RAS RAS
¿DÓNDE Y CUÁNDO PODEMOS COMBATIR?
FAS
SI TIENES ALGUNA PREGUNTA...
SIÉNTATE Y LEVANTA LA MANO.
CO... CO... ¿¡CÓMO?!
SI REALMENTE QUIERES RETARME...
¡¡PUEDES RETARME HACIENDO ESTE EXAMEN!!
¡¡¿EEEEH?!!
ZAM

SON MUCHOS LOS QUE ME RETAN, NO PUEDO COMBATIR CON TODOS.
ASÍ QUE NECESITO QUE HAGÁIS UN EXAMEN Y RESPONDÁIS A ESTAS PREGUNTAS.
EL EXAMEN SE HACE CADA SEMANA Y SOLO COMBATO CON AQUEL QUE HAYA SACADO LA MEJOR NOTA.
A TI, COMO FAVOR, TE PERMITIRÉ HACERLO.
MUY BIEN...
ZAAAAM
¡¡EMPIEZA EL EXAMEN!!
¡BUF! ¿¡UN EXAMEN PARA RETAR AL LÍDER?!
¡¡SI NO HAY MÁS REMEDIO...!!
FUOOSH
¡¡PAPÁ YA ME ADVIRTIÓ DE QUE CADA GIMNASIO TENÍA SUS PROPIAS REGLAS!!
¿¡PERO QUÉ SON TODAS ESTAS LETRAS?!
EXAMEN PRELIMINAR
NOMBRE
CUANDO UN POKÉMON... SE DEBILITA... BUF... NO PUEDO CON TANTO TEXTO...
1. Tu Pokémon envenenado se debilita después de un combate. A cada paso que da se encuentra más débil. No dispones de antídoto ni puedes llevarlo al Centro Pokémon. ¿Qué fruto usarías para curarlo?
a. Baya Meloc b. Baya Zidra c. Baya Pinia
2. ¿Qué movimiento reduciría el efecto en un Pokémon paralizado?
a. Velocidad b. Ataque Especial c. Defensa Especial
PUEDES PREGUNTAR SI NO ENTIENDES LOS ENUNCIADOS...
!!
JU JU JU

¡EH, AQUÍ! ¡UNA PREGUNTAAA!
¡¡SILENCIO!!
PSSST PSSST PSSST
¿CÓMO FUNCIONA ESTO?
TIENES QUE ELEGIR UNA SOLA RESPUESTA.
¿EN CADA PREGUNTA?
ESO ES.
PERO BUENO, ¿ES QUE NUNCA HAS HECHO UN EXAMEN TIPO TEST?
PSSST PSSST PSSST
DING DONG DING DONG DING DONG
MUY BIEN, A CONTINUACIÓN DAREMOS LOS RESULTADOS.
Y TÚ...
MÁS VALE QUE LA PRÓXIMA VEZ VENGAS HABIÉNDOTE LEÍDO LAS NORMAS...
JA JA JA
SNIFF...
BLAM
BSSSH BSSSH
!!
¡¡LAS NOTAS YA ESTÁN!!
Y POR PRIMERA VEZ DESDE QUE EMPEZAMOS CON ESTOS EXÁMENES...
¡¡...ALGUIEN HA SACADO LA NOTA MÁXIMA!!
100

EL ESTUDIANTE QUE SE HA GRADUADO CON HONORES ES...
UH...
ZA... FI... RO... A... BE... DUL...
¿ABEDUL?
Zafiro Abedul
!!
NO PUEDE SER, ¿ERES LA HIJA DE...?
AH, ¿CONOCES A MI PADRE?
NO ENTENDÍA LOS ENUNCIADOS, PERO ME SABÍA TODAS LAS RESPUESTAS.
EEER... PASAMOS A ANUNCIAR LAS NOTAS...
LA PUNTUACIÓN MÁS ALTA LA HA OBTENIDO ZAFIRO...
CHAC
CLAC
¡¡...QUE TIENE PERMISO PARA...
...COMBATIR CON PETRA!!
OOOOO
OOH

¡¡EL COMBATE TENDRÁ LUGAR AQUÍ MISMO...
...EN ESTA SALA!!
BWOMP
¡¡BIEN!! ¡¡TOMA EL LUGAR DEL OPO-NENTE!!
¡¡SOLO SE PUEDE CAMBIAR DE POKÉMON UNA VEZ!!
¡POR FIN! ¡¡VOY A COM-BATIR CON TODAS MIS FUERZAS!!
ZAAAM
EL EXAMEN PRÁCTI-CO...
CHAC
¡¡CO-MIENZA YA!!
ZAH
¡UOOOH!
BUM

¡¡NO CONOZCO EL TIPO DE TU POKÉMON, PERO SÉ QUE ES FUERTE!!
TAH
CLAN
CLAN
¡¡GARRA METAL!!
¡¡FORTALEZA!!
CLAN
¡MUY BIEN! ¡VOY A CAMBIAR A CHIC!
¡VUELVE, RONO!
ZAP
JU, JU, JU...
FIU
¿D-DÓN-DE?
?!
WIIIIIH
¡¡TU ARON NO PUEDE REGRESAR!!

AL MISMO TIEMPO, EN LA RUTA 105.
BRRRRR
ZUM
ZUM
¿PEEKO, HAS VISTO ALGO?
¿UNA PERSONA?
¡AH... AHÍ ESTÁ!
¡UN CHICO FLOTANDO A LA DERIVA!
SPLASH
MUY BIEN...
¡TENEMOS QUE SACARLO DE AHÍ!
PLASH
¡76 DÍAS PARA CUMPLIR EL RETO!

¡¿PERO QUÉ...?!
¡¡CREÍA QUE RONO HABÍA VUELTO A LA POKÉ BALL!!
GGG GGG
¡TU ARON NO PUEDE VOLVER A LA POKÉ BALL!
¡¡NO TIENE ESCAPATORIA!!
¡¡LA HABILIDAD DE MI NOSEPASS ES IMÁN!!
POKÉMON INFO
Nº 060
HABILID
IMÁN
ROBUSTEZ
NOTAS ENTR.
NATURALEZA FIRME
VIVE EN LA CAVERNA
¡¡EL CUERPO DE ACERO DE TU POKÉMON HA QUEDADO ATRAPADO POR EL IMÁN DE NOSEPASS!!
BAAAM
CAPÍTULO 101:
Contra Nosepass
(2ª parte)
¡¡RONO!!
POF

BUM
¡¡LANZARROCAS!!
ZUM
¡¡UAAAH!!
ZUM
ZUM
SI NO TIENES CUIDADO TÚ TAMBIÉN QUEDARÁS ATRAPADA.
¡¡...ROCAS!!

¡¡CREES QUE ESO TE DA UNA VENTAJA SOBRE MÍ!!
¡EL ACERO ES ENORMEMENTE EFECTIVO CONTRA LA ROCA!
¡¡TE HABRÁS DADO CUENTA DE QUE SOY EXPERTA EN POKÉMON DE TIPO ROCA!!
¡¡SOY PETRA, LÍDER DE GIMNASIO DE CIUDAD FÉRRICA...!!
¡¡SÉ LO QUE ESTÁS PENSANDO!!
¡PERO CON IMÁN HE RESTRINGIDO LOS MOVIMIENTOS...
...DE TU ARON METÁLICO!
JA, JA, YA VEO...
¡RONO! ¡LA LÍDER DE GIMNASIO ES FUERTE!
¿¡QUERÍAS RETAR A UNA LÍDER DE GIMNASIO?!
¡HE ESTUDIADO A FONDO Y MEMORIZADO LA AFINIDAD Y EL MODO DE VENCER A LOS DISTINTOS TIPOS!
ÑUC
¡¡PERO VOY A VENCER DE TODAS FORMAS!!

¡TIENE QUE HABER ALGO QUE PODAMOS HACER!
¡Y VOY A AGUANTAR... HASTA QUE LO DES-CUBRA!
¡NO LO CREO!
¡ESTA ESTRATEGIA ES FRUTO DE AÑOS DE ESTU-DIO! ¡NO HAY MANERA DE QUE PUEDAS CON ELLA!
BANG
ZUUUUM
¡¡DE-SISTE!!
¿DE... VER-DAD?
¡PUES HE ENCON-TRADO UNA!

¡LA FUERZA MAGNÉTICA ES MAYOR CERCA DE NOSEPASS! ¡SI ME ALEJO SERÁ MÁS DÉBIL!
SI NOS QUEDAMOS AQUÍ...
¡...NO PODRÁ ATRAERNOS!
¿Y?
¡¿QUÉ MÁS DA?!
ESO YA LO SÉ.
¡LOS MOVIMIENTOS DE TIPO ACERO COMO COLA FÉRREA Y GARRA METAL NO TIENEN EFECTO A DISTANCIA!
¡DESDE ALLÍ TUS MOVIMIENTOS SERÁN INÚTILES!
¡SI NOS ACERCAMOS LA FUERZA MAGNÉTICA NOS ATRAPARÁ!
¡Y SI NOS ALEJAMOS NUESTROS MOVIMIENTOS NO SERÁN EFECTIVOS!
CRAS
¡¡PRIMERO LANZARROCAS!!
¡¡Y LUEGO... AVALANCHA!!
¡TU POKÉMON ESTÁ ATRAPADO!
ZAAH
¡¡EN CAMBIO PARA MÍ LA DISTANCIA NO ES PROBLEMA!!

BOOOOOM
¡SEGÚN LAS REGLAS DE ESTE GIMNASIO, CUANDO UN POKÉMON YA NO PUEDE COMBATIR EL OPONENTE GANA!
EL COMBATE... HA FINALIZADO.
UGH..
CLAC
CON LO CUAL...
BLAM
¡AQUÍ TIENES LA PUERTA!

FIUUU
ENTONCES... LA MONTAÑA DEBE DE ESTAR HACIA ALLÍ...
Y EL NORTE EN ESA DIRECCIÓN...
SNIF
EL VIENTO...
ES VIENTO QUE LLEGA DESDE LA MONTAÑA.
?
AÚN NO HEMOS TERMINADO...
¡CLONC!
...
¡CLONC!
LÍDER, SERÁ MEJOR QUE VUELVAS AL ÁREA DE COMBATE.
QU... ¿QUÉ ESTÁS DICIENDO?

BAAAM
¡¡¿ESAS PIE- DRAS...?!!
FIUUU
!!
GGGG
ZAAAH
¡EL SUELO ESTÁ TEM- BLANDO! ¡A TU ESPAL- DA...!
¡NO TE GIRES, NOSEP...!
¡¡AHORA, RONO!!
UOOO UOOO
GGG
CLONC

PLOM
¡¡NOSE-PASS!!
CREEEC
PI PI
NOSEPASS SIEMPRE TIENE EL PICO MAGNÉTICO ORIENTADO HACIA EL NORTE.
ÁREA
GRITO
TAMAÑO
VOLVER
Nº 060 NOSEPASS
POKÉMON BRÚJULA
ALTURA 1,0 M
PESO 97,0 KG
NOSEPASS SIEMPRE ESTÁ CON EL PICO MAGNÉTICO ORIENTADO HACIA EL NORTE. SI SE ENCUENTRA CON OTRO EJEMPLAR DE SU ESPECIE, NO PUEDE MIRARLE DE FRENTE PORQUE SUS POLOS MAGNÉTICOS SE REPELEN.
LO QUE PENSABA. LA HABILIDAD IMÁN DE NOSEPASS TAMBIÉN DEBÍA DE TENER DESVEN-TAJAS...
SI INTENTA MIRAR EN OTRA DIRECCIÓN SE DA LA VUELTA PARA MIRAR AL NORTE.
AL GIRARSE SE DESE-QUILIBRA Y... ¡ESE ES EL MOMENTO PARA USAR UN MOVI-MIENTO...!
FASH
...
¿CUÁNDO HAS CAÍDO EN LA CUENTA?

¡DES-
DE EL
PRINCI-
PIO!
¡CUANDO ME
HAS INVITADO AL
ÁREA DE COM-
BATE ME HAS
OFRECIDO
ESE SITIO!
ME PREGUN-
TABA POR QUÉ
ESTABAS TAN
INTERESADA
EN QUE ME
COLOCARA
ALLÍ...
¡¿SOLO
POR
ESO...?!
Y MI
INTUI-
CIÓN...
ZAH
¡UUUM...!
¡EL VIENTO
SIENTA TAN
BIEN!
¡MAÑANA
SEGURO
QUE HACE
BUENO!
TAH
¡BIEN!
LÍDER DE
GIMNASIO, NO
TE QUEDES
HINCANDO LOS
CODOS TODO
EL DÍA...
SAL A ESCUCHAR
LAS VOCES DEL
SOL, DEL VIENTO
Y DEL BOSQUE.

NOS PUEDEN ENSEÑAR COSAS QUE NO ESTÁN ESCRITAS EN LOS LIBROS.
¿NO TE PARECE?
JU, JU, JU...
CIER-TO.
OH, CASI LO OLVIDO.
TENGO QUE ENTREGARTE ESTO.
¡¡AH!!
OOOOOH
¡VENCEDORA DE LA LÍDER DE GIMNASIO DE CIUDAD FÉRRICA...
ZAFIRO!!
¡¡TE HAGO ENTREGA DE LA MEDALLA PIEDRA COMO RECONOCIMIENTO A UNA ESPLÉNDIDA VICTORIA!!

UAAH.
¿¿?
¡Y AHORA, A PUEBLO AZULIZA!
¡ASÍ TAMBIÉN LE ENTREGARÉ LA CARTA A ESE TAL MÁXIMO!
¿AH, SÍ? ¿EL SUBMARINO EXPLORADOR 1 ESTÁ A PUNTO DE COMPLETARSE?
¡ENTENDIDO, CAPITÁN BABOR!
¡IRÉ EN CUANTO ACABE MI INVESTIGACIÓN EN LA CUEVA GRANITO!

MAPA DE LA AVENTURA

ZAFIRO

RUBÍ

NV. 30

RONO
ARON ♂

NV. 15

CHIC
TORCHIC ♀

NANA
POOCHYENA ♀

COCO
SKITTY ♀

MUMU
MUDKIP ♂

CIUDAD PETALIA

RUTA 14

BOSQUE PETALIA

RUTA 14

CIUDAD FÉRRICA

RUTA 105

FÉRRICA	AZULIZA	MALVALONA	LAVACALDA
PETALIA	ARBORADA	ALGALIA	ARRECÍPOLIS

	CARISMA	BELLEZA	DULZURA	INGENIO	DUREZA
NORMAL					
ALTO					
AVANZADO					
EXPERTO					

CAPÍTULO 102:
Contra Crawdaunt
(1ª parte)

¡¡FIU!!!!!!!
E... ¡ESPERA UN MOMENTOOO!
¡QUE ESTABA EN MITAD DE UNA EXPLICACIÓN SOBRE LA MEDALLA...!
¡ES QUE TENGO PRISA POR LLEGAR A LA PRÓXIMA CIUDAD!
¡PARA LLEGAR A PUEBLO PARDAL O CIUDAD MALVALONA HAY QUE ATRAVESAR LA MONTAÑA...!
¡PERO YO VOY A AZULIZA!
¡¿AZULIZA?! ¡¿VAS HACIA EL MAR?!
¡¿Y TIENES ALGUNA FORMA DE CRUZARLO?!
FSSSH
¡POR SUPUESTO, EN POKÉMON!
¿TIENES ALGUNO MÁS, APARTE DEL TORCHIC Y EL ARON?
SÍ, PERO NO ES MÍO.

PAPÁ SIEMPRE LO USA PARA CRUZAR EL MAR Y ME LO HA DEJADO, PERO NORMALMENTE NO LO TENGO EN LA POKÉ BALL.
ZUUUUU
¿DÓN-DE...?
ALLÍ.
ZUUUUU
¡YA VIENE, YA VIENE!
ZAH
¡¡CHAAN!!
DASH
¡¡WALO!! ¡¡CUÁNTO TIEMPO!!

¡POR FAVOR, LLÉVAME A AZULIZA!
¡CON SU CUERPO GIGANTE EL POBRE ESTARÍA ALGO ESTRECHO EN LA POKÉ BALL!

¡LA MEDALLA QUE TE ACABO DE ENTREGAR ES UN SÍMBOLO DE RECONOCIMIENTO POR PARTE DE LA ASOCIACIÓN POKÉMOOON!
¿¡PUEDES OÍRMEEE?!
SEÑORITA PETRA, ¿Y LA EXPLICACIÓN DE LAS MEDALLAS...?
¡AH!
¡¡ADEMÁS, LA PERSONA QUE OBTIENE LAS OCHO MEDALLAS DE LOS LÍDERES DE GIMNASIO DE HOENN...
...PASA DIRECTAMENTE A LA FASE FINAL DE LA LIGA POKÉMOOON!!
ARF...AFH... ¿LO HABRÁ OÍDO?
ESPEREMOS...
¡ZUAH!

ENHORABUENA.
MATÍAS, SILVINA, AMBER...
EN RECONOCIMIENTO A VUESTRO GRAN TRABAJO
AL OBTENER LA PIEZA ESPECIAL DE ACTIVACIÓN PARA EL SUBMARINO EXPLORADOR 1,
OS ASCIENDO A COMANDANTES.
MUCHAS GRACIAS.
ES UN HONOR, LÍDER AQUILES.
LO RECIBIMOS HUMILDEMENTE.
BIEN, DESDE HOY...
...LLEVARÉIS ESTOS UNIFORMES.
OO OOOH
¡PERO...!

LOS HABÉIS DEJADO ESCAPAR...
ESA PAREJA Y LA NIÑA HAN VISTO VUESTRAS CARAS...
...VUESTRO ERROR.
TAMPOCO VOY A PERDONAR...
S... ¡SÍ, SEÑOR!
NO TENGO QUE DAROS INSTRUCCIONES ESPECIALES...
IMAGINO QUE SABRÉIS LO QUE TENÉIS QUE HACER...
RRRRR
RRRRR
RRRRR
RRRRR
RRR
RRR
UH...
RRR
RRR
RRR

COF, COF...
¿DÓNDE ESTOY?
RRR RRR
UH...
UUUH...
MI MUDA SE HA ENCOGIDO.
¡UAAAH...! ¡TENGO TODA LA ROPA CALADA!
¡AAACHÍS!
BRROOOOM
AH... ¡AHORA RECUERDO...!
¡AH! ¿Y RURU...?
AH...
¡COCO! ¡NANA! ¡MUMU!
ESTÁIS TODOS BIEN.
Y AHORA...
ME PREGUNTO SI RURU HABRÁ CUIDADO BIEN DE BLASCO.
BAH, ES RURU. NO HAY QUE PREOCUPARSE.

¡OH! ¡POR FIN HAS ABIERTO LOS OJOS!
¿EH?
¡¿PERO QUÉ ESTÁS HACIENDO?!
¿QUIERES MONTARTE UNA *BOUTIQUE* EN MI BARCO?
¡¿BARCO?!
USTED ME HA SALVADO...
O SEA QUE ESTOY...
BRRRRR
¡¡¡EN EL MAR!!!

ESO ES, ESTAMOS EN MITAD DE LA RUTA 106.
SHOASH
gran pescador
ESTO... GRACIAS POR SALVARME...
ESTE ABUELO ES ENORME...
LAS GRACIAS DÁSELAS A PEEKO.
TE ENCONTRÓ EN EL MAR.
¿NO ES ASÍ, PEEKO?
SHIN
MI NOMBRE ES ARENQUE. SOY UN PESCADOR RETIRADO.
¿Y EL TUYO?
RU... RUBÍ.
MU... MUCHAS GRA...
UUUGH...
¿EH? ¿ACABAS DE ABRIR LOS OJOS Y YA TE HAS MAREADO?
PU... PUES SÍ...
BUAAGH
GRAN PESCADOR

UH
POM
¡UAAAH!
UOOOH
QUÉ LE VAMOS A HACER... TE LLEVARÉ AL PUERTO.
AUNQUE PRIMERO TENGO COSAS QUE HA-CER.
DUERME ALGO MIENTRAS PESCO.
VALE.
¿PESCAR? ¿PERO NO SE HABÍA RETIRADO?
¡Y ASÍ ERA, PERO ESTE VIEJO PESCADOR HA OÍDO ALGO QUE HA HECHO QUE QUIERA VOLVER AL MAR!
FAAAH
¡¡CUANDO ME DIJERON QUE HABÍA APARE-CIDO NO PODÍA QUEDARME EN DIQUE SECO!!
¡¡LO HE PERSEGUI-DO CON TODAS MIS FUERZAS UNA Y OTRA VEZ, PERO NUNCA HE CONSEGUIDO ATRAPAR A ESA MISTERIOSA CRIATURA DE LAS AGUAS PRO-FUNDAS!!
DICEN QUE HA VIVIDO MÁS DE CIEN MILLONES DE AÑOS EN EL FONDO DEL MAR SIN QUE NADIE LA HA-YA VISTO.
NADIE SABE DÓNDE BUS-CARLA, Y POR SUPUESTO NUNCA AS-CIENDE A LA SUPERFICIE.

LOS ANTIGUOS LO LLAMABAN "AMIGO".
SE CREÍA QUE CON SU AYUDA SE PODÍAN ALCANZAR LAS PROFUNDIDADES DEL MAR QUE PERMANECEN INACCESIBLES PARA LOS HUMANOS.
¿QUÉ TE PARECE? FASCINANTE, ¿EH?
NO, PARA NADA. ADEMÁS, ES FEO.
gran pescador
¿FEO?... TÚ ESCORAS, ¿NO?
BUENO, EN TODO CASO, DESCANSA.
UUURGH UUUGH
SÍ.
SÍ, A VER QUIÉN SE DUERME CON ESTE BALANCEO...
COCO, ¿TÚ TAMBIÉN?
BUAH
...PARA NADA COMPARTO SUS GUSTOS.
FLOOOASH
Y...
¡¿HAS DICHO ALGO?!

BLORB
BLORB
FOOOM
BIIIH
BIIIH
SEÑOR ARENQUE, ¿QUÉ ES ESE PITIDO?
RAC RAC
¡¡PARECE QUE LAS BARBAS DE GILLS HAN DETECTADO ALGO!!
SPLOSH

GILLS, ES EL NOMBRE DE MI WHIS-CASH.
TIENE LA HABILIDAD DE CAPTAR MO-VIMIENTOS CERCANOS.
TAMBIÉN ES CAPAZ DE ADELANTAR-SE A LOS TERREMO-TOS.
SIEMPRE VA POR DELANTE AVISÁNDO-ME CON ANTELA-CIÓN.
GRAN PESCADOR
ÚLTIMAMENTE SE ESTÁN PRODUCIENDO BASTANTES TERREMOTOS.
!!
¡PUEDE SER UN TERRE-MOTO!
¡ÚLTIMA-MENTE HA HABIDO MUCHOS!
...
SEÑOR ARENQUE, ¿NO QUIERE SABER
QUÉ HACÍA FLOTANDO EN MEDIO DEL MAR?
¡LOS HOM-BRES DE MAR NO NOS METEMOS DONDE NO NOS LLAMAN!
SI LO CUENTAS BIEN, Y SI NO LO CUENTAS, TAMBIÉN.

PUES AHORA QUE MENCIONA LOS TERRE-MOTOS, YO ME TOPÉ CON UNO...
HABÍA SALIDO CON UN AMIGO A CAPTURAR POKÉMON, LA TIERRA SE ABRIÓ Y ACA-BÉ EN EL MAR...
¿DÓNDE ESTA-BAIS?
A LAS AFUERAS DE CIUDAD PETALIA, CREO QUE EN LA RUTA 105.
FRAS
EL HIPO-CENTRO PUEDE ESTAR...
SCRICH
...EN LA ZONA DE OROMAR Y ARRECÍ-POLIS...
GRRR
¡¡OOOH! ¡¡YA VIENE!!
SWOOOSH

POM
POM
POM
GIAAAH
¡¡MALLA BALL!!
CHAC
NO BASTA CON ENTENDER LOS TERREMOTOS, HAY QUE CONOCER A LA MADRE NATURALEZA.
SPLOSH
ES EL ÚNICO CONSEJO QUE PUEDO DARTE.
LOS WAILMER NO SON LO QUE BUSCABA, PERO NO HAY QUE DESPERDICIARLOS.
ZIU
POR EJEMPLO, SI ESTE VIEJO TUVIERA QUE BUSCAR UN SITIO PARA PESCAR...
SERÍA ALLÍ.
gran pescador
CLON CLON
LOS HUMANOS PUEDEN APRENDER MUCHAS COSAS DE LA NATURALEZA, Y DE LOS POKÉMON.
¡OOOH! ¡OTRA VEZ...!
ÑUC
¿VES? ALLÍ LOS PÁJAROS REVOLOTEAN SOBRE UN MONTÓN DE PECES.
ENSEÑAN A LOS PESCADORES DÓNDE PESCAR.

¡ESTA VEZ EL MOVIMIENTO ES DISTINTO!
SPLASH SPLASH
!!
¡¿EL POKÉMON DE LAS PROFUNDIDADES?!
¡PODRÍA SER!
LA PESCA ES UNA PRUEBA DE RESISTENCIA...
¡EN OCASIONES EL PULSO PUEDE DURAR DÍAS, ESTE MOMENTO ES CRUCIAL!
GGG
¡¡UAAAH!!
SPLAASH
RAN
ADOR

ZUUUU
¡¡ES...
¡¡ES CRAWDAUNT, ESE POKÉMON GRANUJA!!
PLASH
¡SUBE A CUBIERTA!
AH...
ZUUUUR
FIUUUM
¡SEÑOR ARENQUE!
¡¡UAAAH!!
CHAC
¡UGH...!

¿PERO QUÉ HACE AQUÍ UN CRAWDAUNT? ¡NORMALMENTE ESTÁN EN LOS RÍOS Y LAGOS! ¡COF...!
CHAC
¡HA SIDO CAPAZ DE LANZAR AL ROBUSTO SEÑOR ARENQUE!
GIOOOOO
!!
WAH

MAPA DE LA AVENTURA

ZAFIRO

- CHIC — TORCHIC ♀ — NV. 15
- RONO — ARON ♂ — NV. 30
- WALO — WAILORD ♂ — NV. 41

RUBÍ

- COCO — SKITTY ♀
- NANA — POOCHYENA ♀
- MUMU — MUDKIP ♂

CIUDAD PETALIA

Zafiro: RUTA 104 → BOSQUE PETÁLICA → RUTA 104 → CIUDAD FÉRRICA → RUTA 105

Rubí: RUTA 105 → RUTA 106

FÉRRICA	AZULIZA	MALVALONA	LAVACALDA
PETALIA	ARBORADA	ALGALIA	ARRECÍPOLIS

	CARISMA	BELLEZA	DULZURA	INGENIO	DUREZ
NORMAL					
ALTO					
AVANZADO					
EXPERTO					

CAPÍTULO 103:
Contra Crawdaunt (2ª parte)

FUAAAASH
¡¡OH, NO!! ¡¡CUI-DADO!!
BAAAM
KLAH
ZIUUUUUU
¡COF! ¡AH! ¡MI BARCO!
¡VAMOS, PEEKO!
¡ESO HA SIDO UN HIPE-RRAYO!
Nº130
CRAWDAUNT
MOVIMIENTOS
HIPERRAYO PP 5/5
DESARME PP 20/20
MOFA PP 20/20
MARTILLAZO PP 10/10
EFECTO
Potenc. 150
Precis. 90
DESCRIPCIÓN
HIPERRAYO ES EFICAZ, PERO EL ATACANTE DEBERÁ DESCANSAR EN EL SIGUIENTE TURNO

CLAAAS
¡¡UN ATAQUE RÁPIDO!!
DEBERÍA DEJARLO FUERA DE COMBATE POR EL MOMENTO...
PLIC
POM
CHAC
ZAH
¡¡AAAH!!
FUUUH

¡¡PEE-
KO!!
BOOOOM
PAF
PO...
¡¿POR
QUÉ?!
¡¡EL ATAQUE
RÁPIDO DE
PEEKO NO
HA TENIDO
NINGÚN
EFECTO!!
SHIIIIIN
AH, HABÍA
OÍDO HA-
BLAR DE
ELLO...
¡¡ES
CAPARA-
ZÓN!!
¡¡LA HABILIDAD DE
ESTE POKÉMON ES UN
PODEROSO ESCUDO
QUE PROTEGE LAS
PARTES VITALES!!
¡¡ENTON-
CES...!!
¡¡ESO ES!!
¡¡NO TIENE
PUNTOS
DÉBILES!!
¡OOOH!
FUAASH

BOOOOM
¡¡GAAAH!!
SPLOOSH
¡SEÑOR ARENQUE! ¡¡SEÑOR ARENQUE!!
HA PERDIDO EL CONOCIMIENTO...
TÚ...
¿CÓMO ES QUE NO TIENES PUNTOS DÉBILES?
¡NO ME LO CREO!
TOC TOC
LOS ESCONDES DETRÁS DE TU CAPARAZÓN, ¿NO?
AHORA...

ZAAAM
¡¡VAMOOOOS!!
BUF
NO SE VE NINGÚN BARCO...
DE ACUERDO, NADIE PUEDE VERME...
GRRR
FIU
AAAH...
¡HUMPF!
COCO.

ZIUUUU
ZIUUUU
GOOOON
BOOONK
UGH...
UUUGH...
¡¡PEEKO!!
¡OOOH!
¡TE HAN VENDADO...!
¡¿HMM?!

T... ¡¡TÚ...!!
AH... BUENOS DÍAS.
¡¿QUÉ TE HA PASADO EN LA CARA?!
¡¡¿PERO CÓMO...?!!
HE CURADO A PEEKO Y DE PASO LA HE PUESTO ELEGANTE. QUÉ LE PARECE, ¿ESTÁ MONA?
!!
¡¿CÓMO ME HAS SACADO DEL AGUA?!
¡¿Y QUÉ HA PASADO CON ESE BRUTAL CRAW-DAUNT?!
FU FU
ALLÍ.

HA HABIDO SUERTE, COMO EL BARCO SE BALANCEABA SE HA GOLPEADO ÉL SOLITO Y HA QUEDADO FUERA DE JUEGO.
A USTED LO ARRASTRÓ UNA OLA A CUBIERTA, ¡MENUDA SUERTE!
...
¿QUÉ HACE TU SKITTY?
TA TA TA TA TA
AH, SIEMPRE LE DA POR PERSEGUIRSE LA COLA...
Nº 061 SKITTY
POKÉMON GATITO
ALTURA 0,5 M
PESO 11,0 KG
SKITTY ES CONOCIDO POR LA COSTUMBRE QUE TIENE DE JUGUETEAR Y DE INTENTAR PILLARSE LA COLA. EN ESTADO SALVAJE, HABITA EN LAS CAVIDADES DE LOS TRONCOS DE LOS ÁRBOLES DEL BOSQUE. ES LA MASCOTA DE MUCHOS POR LO DULCE QUE PARECE.
...
MIRE, MIRE.
¡OH! ¡OH, NO!
¡EL TIMÓN!
UAAAHG...
BAUM
NOS HEMOS DESVIADO.
AHORA...
OOOH... ¡¡HA TOMADO CONTROL DEL BARCO INMEDIATAMENTE!! ¡QUÉ HABILIDAD!
CHAC

QUÉ EXTRAÑO.
ESTE CHAVAL ESTÁ ESCONDIENDO ALGO.
gran pescador
¿UH?
¡¡EL CRAWDAUNT PARECE ESTAR BAJO LA INFLUENCIA DE ATRACCIÓN!!
GRIETAS EN LA CUBIERTA...
¡EL CAPARAZÓN ESTÁ ROTO...!
PUEDE QUE EL SKITTY HAYA EMPLEADO GRAN ENCANTO...
¡¡Y LUEGO HAYA LANZADO UN DOBLE FILO!!

¡¡UN MOMENTO!!
¡¿PERO CÓMO LO HA CONSEGUIDO UN POKÉMON TAN PEQUEÑO...?!
PERO EN ESE CASO DEBE DE HABER INTERACCIONADO CON CRAWDAUNT PARA PROPINARLE POR LO MENOS UN GOLPE DIRECTO.
¡¡EL GIRO REDUCE EL IMPACTO E INCREMENTA EL CONTACTO CON EL OPONENTE...!! ¡¡LO QUE LE PERMITE EMPLEAR GRAN ENCANTO...!!
CHAVAL...
gran pescador
¡Y EL CHICO DEBE DE HABER PENSADO LA ESTRATEGIA!
¡EL ENTRENAMIENTO DE ESTE SKITTY TIENE QUE HABER SIDO INTENSO!
HMMM...
...

SOY UN HOMBRE DE MAR Y NO ME GUSTA METERME EN LAS VIDAS DE LOS DEMÁS...
SI QUIERES CONTARME ALGO, ADELANTE...
Y SI NO LO CUENTAS...
PUAAAGH
PUEDE QUE LE HAYA DADO DEMASIADAS VUELTAS...
BRRR BRRR
BRRR BRRR
AL FIN A LA VISTA.
¡¡AZULIZA!!
¡BUENO, AQUÍ NOS SEPARAMOS!
¡DEBO CONTINUAR CON MI PERSECUCIÓN!
Y CONTINUAR INVESTIGANDO...
...LA FRECUENCIA DE LOS TERREMOTOS Y EL CAMBIO EN EL ECOSISTEMA. PARECE QUE ALGO ESTÁ OCURRIENDO AQUÍ, EN HOENN.
Y TENGO QUE AVERIGUARLO...

BRRRRRR
SPLASH
¡¡ALLÍ ESTÁ!!
¡OOOH!
¡¡POR FIN!!
LA ISLA DE AZULIZA.
HEMOS TARDADO VARIOS DÍAS...
¡¡PERO AL FIN HEMOS LLEGADO!!
ZAAAAH
ZAAAAH
WALO, ¿ESTÁS CANSADO?
FFFH
FFFH

FWAASH
¡¡UAAAH!!
ZAAAAAH
¡OH, NO!
¡WALO! TU RESPIRACIÓN CREA OLAS ENORMES.
¿EH?
SHIN
¡WALO, SÓPLAME HACIA ARRIBA!
FUUUUH
FUAAASH
¡¡UAAAAAAAH!!

UAAAH
KYAAAH
OH... ¡¡OH, NO!!
¡LA RESPIRACIÓN DE WALO HA CREADO OLAS GIGANTES Y LA GENTE ESTÁ ATE-RRORIZADA...!
BRRRRRR
¡CUIDADOOOOOO!

FAAAAASH
¡¡EH...!!
¡¡MENUDA OLA!!
¡¡UF!!
ZAAAH

¡¿ESA OLA GIGANTE LA HA CREADO UN WAILORD?!
¡LO SIENTO! ESTABA SUBIDA A WALO, AL RESPIRAR HA CREADO UNA OLA GIGANTE QUE HA LLEGADO HASTA AQUÍ Y...
?
¿ESTÁS BIEN?
SPLASH
SPLASH
NO TE PREOCUPES.
¡PARA UN SURFISTA ESO NO ES NADA!
¡Y SI VINIERA UNA OLA MÁS GRANDE, PUES GENIAL!
U... UNA OLA MÁS GRANDE...
¡MADRE, QUÉ TÍO!
A ÉL LE HA VENIDO BIEN PARA ENTRENARSE.
ESTE POKÉMON PARECE DE TIPO LUCHA, ¿POR QUÉ ESTÁS ENTRENÁNDOLO PARA PRACTICAR SURF?
SHUP
?
SHUP

LO HE LLAMADO ENTRENAMIENTO, PERO NO LE ESTOY ENSEÑANDO SURF.
EFECTIVAMENTE, ES DE TIPO LUCHA.
LO QUE QUIERO ENSEÑARLE ES UN ARTE MARCIAL. EL SECRETO DEL JU.
¿EL JU?
¡ESO ES!
LA LUCHA SE DIVIDE EN DOS CLASES.
GO O "DUREZA" Y JU O "FLEXIBILIDAD".
EL GO UTILIZA LA PROPIA FUERZA PARA DERRIBAR AL OPONENTE.
GO
EL JU, EN CAMBIO, APROVECHA LA FUERZA DEL CONTRINCANTE PARA VENCERLE.
JU
ES COMO EL SURF, UNO NO SE OPONE A LAS OLAS, SINO QUE APROVECHA SU ENERGÍA.
AH, ¿COMO EL SURF?
ENTIENDO...
!!
¡PUES SERÁ MEJOR QUE LO RECUERDES SI QUIERES RETARME!

ME LLAMO MARCIAL.
SOY EL LÍDER DE GIMNASIO DE AZU-LIZA...
RE... ¡¡¿RETARTE... A TI?!!
SI LLEVAS LA MEDALLA DE PIEDRA DE PETRA SUPONGO QUE TAMBIÉN QUERRÁS RETARME.
¡¡SÍ, SÍ!!
PERO VOY A TENER UNA CAMPAÑA DE ENTRENAMIENTO A PARTIR DE MAÑANA Y NO ESTARÉ EN EL GIMNASIO.
¿TENDRÍAS TIEMPO DE VISITARME ENTRE ES-TA NOCHE Y MAÑANA TEM-PRANO?
¿EEEEH?
HASTA LUEGO.
HMM... ESTA NOCHE O MAÑANA TEM-PRANO...

AY, QUÉ MAREADO ESTOY...
¿HM?
BIEN. BAJO, MUCHACHO.
SÍ, BUAGH...
ÑUC
¡¡AAAAH!!
¡70 DÍAS PARA CUMPLIR EL RETO!

CAPÍTULO 104:
Contra Mawile

¡¡TÚ!!
¡¡TÚ!!
ANDA, CHAVAL, ¿LA CONOCES?
¡¡SÍ, SÍ, CLARO!!
¡¡ESTOY COMPITIENDO CON ÉL!!
CO... ¿COMPITIENDO?
¡¡MI NOMBRE ES ZAFIRO!! ¡¡ESTOY RETANDO A TODOS LOS LÍDERES DE GIMNASIO DE HOENN!!

¡¡HEMOS HECHO LA APUESTA
DE CUMPLIR NUESTROS SUEÑOS EN EL PLAZO DE 80 DÍAS!!
¡¡SON OBJETIVOS DIFERENTES, PERO LA AMBICIÓN ES LA MISMA!!
JU, JU...
Y RUBÍ TAMBIÉN...
QUIERE GANAR TODOS LOS CONCURSOS POKÉMON...
¡¿QUÉ TIENE DE GRACIOSO?!
¡UNA VEZ ACABADO EL PLAZO DEBEMOS
VOLVER AL LUGAR DE INICIO PARA MOSTRAR AL OTRO LO QUE HEMOS CONSEGUIDO!
14
13
12
11
29
28
27
26
25
¡LLEVAS LA ROPA QUE TE HICE! ¡TE QUEDA MUY BIEN!
AHORA FORMAS PARTE DE LA CIVILIZACIÓN.
¡¿QUÉ CONFIANZAS SON ESAS?!
¡AH, YA VEO!!

BUENO, ¿CÓMO TE VAN LAS COSAS?
YA HA PASADO UNA SEMANA, ¿HAS GANADO ALGÚN CONCURSO?
UH... PUES... AÚN NO...
¡YO YA HE GANADO A UN LÍDER DE GIMNASIO!
¡¡AH!!
SI HUBIERA LLEGADO A UNA CIUDAD CON CONCURSOS HABRÍA GANADO ALGUNO...
¡¿UN DEBILUCHO COMO TÚ...?! ¡NO CREO NI QUE PUEDAS VIAJAR SOLITO POR HOENN!
"¡QUÉ HERMOSOS SON LOS POKÉMON!", "¡NO ME GUSTA COMBATIR!"...
ME IMAGINO QUE SIGUES IGUAL QUE SIEMPRE.
¡¿Y QUÉ?! ¡TENGO MI PROPIA FORMA DE VER LAS COSAS!
¡¡Y LOS CONCURSOS POKÉMON SON ESTUPENDOS...!!
UH...
¡¡TÚ VIVÍAS PRÁCTICAMENTE DESNUDA EN MEDIO DE LAS MONTAÑAS...!! ¡¿CÓMO VAS A ENTENDERLO?!
¡¿ALGÚN PROBLEMA?!
¡¿QUÉ PASA?!

¡BUENO, NO PUEDO PERDER EL TIEMPO AQUÍ CONTIGO!
FUIII
¡LO MISMO DIGO!
¡GRRRRR!
¡GRRRRR!
AAAH... ¡UN MOMENTO...!
¡SEÑOR ARENQUE, MUCHAS GRACIAS!
FIU
OOOH...
¡HUMPF!
¡HUMPF!
¡¿POR QUÉ ME SIGUES?!
¡¡TÚ ERES LA QUE CAMINAS EN MI DIRECCIÓN!!

¡¿EH?! ¡¿TODAVÍA ESTÁS AQUÍ?!
¡¡TENGO ALGO QUE HACER EN ESTA CUEVA!!
¡¿EL QUÉ?!
NO HACE FALTA QUE TE LO DIGA.
¡ESTU-PENDO!
¡AQUÍ LA CUEVA SE DIVI-DE EN DOS!
¡YO VOY A LA DERE-CHA!
¡PUES ENTON-CES YO POR AQUÍ!
¡¡HUMPF!!

CUEVA GRANITO...
QUERÍAS SABER POR QUÉ HE VENIDO AQUÍ...
CLONC
JU, JU, JU...
CLONC
FAH
GUÍA A COLOR
POKÉMON DE TIPO AGUA
DE LA REGIÓN DE HOENN
TIPO AGUA DE LA REGIÓN DE HO
ÉCHALE UN VISTAZO.
?
¿"POKÉMON DE TIPO AGUA DE LA REGIÓN DE HOENN"?
gran pescador
AAAH, ANTES HAS DICHO QUE MIS POKÉMON NO ERAN HERMOSOS.
CLONC
JA, JA...
PUEDE QUE LOS QUE YO TENGO NO TE INTERESEN...
...PERO EN ESTE LIBRO APARECEN BASTANTES DE TIPO AGUA DE LA REGIÓN DE HOENN.
POR EJEMPLO...
FLAP
gran
FLAP

¿QUÉ ME DICES DE ESTE?
GOAN
SI TE GUSTA PUEDES LLEVARTE EL LIBRO.
AAAH UOOH
ASH...
SE DESCONOCE SU HÁBITAT O LÍNEA EVOLUTIVA.
¡UN POKÉMON VALIOSÍSIMO: MILOTIC!
¡NO SABÍA QUE EXISTIERA UNO TAN HERMOSO!
¡¡DEBO HACERME CON ÉL!!
¡CON MILOTIC ARRASARÉ EN LA CATEGORÍA DE BELLEZA!
¡LO TENGO DECIDIDO! ¡¡TENGO QUE HACERME CON ESTE POKÉMON!!
ASÍ QUE...
POM

DASH
¡TENEMOS QUE ENCONTRARLO!
¡VAMOS, MUMU, NANA, COCO!
SOLO ES UNA INTUICIÓN...
...PERO ALGO ME DICE QUE NO ES DE AGUA SALADA.
SNIF
SNIF
CREO QUE PUEDE VIVIR EN ESTANQUES Y LAGOS.
POR EJEMPLO...
EN UN LUGAR COMO ESTE.
QUÉ LUGAR MÁS MARAVILLOSO.
¿NO CREÉIS QUE EN UN LUGAR COMO ESTE TIENEN QUE VIVIR POKÉMON BELLÍSIMOS Y ELEGANTES?

UH...
MA-DRE MÍA...
FRUS
FRUS
ZUUM
¡UAAAAGH!
¡UAH, ¿PERO QUÉ ES ESTO?!
FLAP
FLAP
FLAP
!!
!!
GRA
AAR
¡OOOH!
TÚ SÍ QUE ERES MONO.
?
FIUUU

GRAAAAR
¡¡NANA!!
GRA
RG
CLAAAC
UAAAH
¡¡CUI-
DA-
DO!!
TAH
CLAC
ZAAAAH
GRAARG
¡UAAAH!

¿ESTÁS BIEN?
¡¡ES VERDAD!!
REA GRITO TAMAÑO VOLVER
Nº 062 MAWILE
POKÉMON TRAMPOSO
ALTURA 0,6 M
PESO 11,5 KG
LAS DESCOMUNALES FAUCES DE ACERO DE MAWILE SON LA EVOLUCIÓN DE UNOS CUERNOS QUE TUVO EN SU DÍA. CON SU EXPRESIÓN DÓCIL PUEDE ENGAÑAR AL ENEMIGO Y HACER QUE BAJE LA GUARDIA PARA SORPRENDERLE CON LAS FAUCES.
¡SE DA LA VUELTA DE PRONTO Y MUERDE CON SUS CUERNOS DE ACERO CONVERTIDOS EN FAUCES!
MAWILE, EL POKÉMON TRAMPOSO...
ARF... ARF... MUCHAS GRACIAS.
SWOOOH

SWOOOOOH
¡¡NANA!!
WHHHWHHH
PE... ¡¿PERO QUÉ...?!
SWOOOH
¡UH...!
¡AH! ¡¿MIS PIE-DRAS...?!
FSHIUM
¡¡TAM-BIÉN COCO!!
¡LOS DOS POKÉMON QUE TIENES ESTÁN EVOLUCIO-NANDO!
ME IMAGINO QUE ESTARÁS SOR-PRENDIDO, PERO TENEMOS QUE CONCENTRARNOS EN ESA HORDA DE MAWILE RABIOSOS.

POR CIERTO, ME LLAMO MÁXIMO.
¿PUEDO CONTAR CONTIGO?
S... SÍ.
DASH
¡¡CO-CO!!

MAPA DE LA AVENTURA

ZAFIRO	RUBÍ
RUTA 105	RUTA 105
▼	▼
RUTA 106	RUTA 106
▼	▼
PUEBLO AZULIZA	PUEBLO AZULIZA
▼	▼
CUEVA GRANITO	CUEVA GRANITO

ZAFIRO

CHIC
TORCHIC♀
NV. 15

RONO
ARON♂
NV. 31

WALO
WAILORD♂
NV. 41

RUBÍ

NANA
¿...?♀

COCO
¿...?♀

MUMU
MUDKIP♂

FÉRRICA	AZULIZA	MALVALONA	LAVACALDA
PETALIA	ARBORADA	ALGALIA	ARRECÍPOLIS

	CARISMA	BELLEZA	DULZURA	INGENIO	DUREZA
NORMAL					
ALTO					
AVANZADO					
EXPERTO					

CAPÍTULO 105: Contra Makuhita

¡VAMOS A EMPEZAR NUESTRO ENTRENA-MIENTO ESPECIAL!
¡CHIC, RONO!
ESTE SITIO SERVI-RÁ.
¡¡CHIC!!
FLAP
FLAP
FLAP
GOOON
¡RONO!
FOOOSH

BOOOOOOM
ZAAAH
ZAAAH
ZAAAH
POM
¡OTRA VEZ!
¡¡EL LÍDER DE AZULIZA, MARCIAL...
...ES REALMENTE PODEROSO!!
SOLO HE HABLADO CON ÉL UN MOMENTO...
...PERO HE SENTIDO SU PODER.
NO SOLO ESO...

QUIERO ENSEÑARLE
EL SECRETO DEL JU.
SABÍA QUE VENÍA A RETARLO, Y AUN ASÍ ESTABA TAN SEGURO DE SÍ MISMO QUE HA REVELADO SU ESTRATEGIA.
NO ESTOY PREPARADA...
ES COMO EN EL SURF, UNO NO SE OPONE A LAS OLAS...
...SINO QUE APROVECHA SU ENERGÍA.
¡¡¿Y SI PIERDO?!!
¿HA DICHO QUE LA ESTRATEGIA FRONTAL NO ES LA ÚNICA?
¡LO SIENTO, SEÑOR PEÑAS!
LO PRIMERO QUE TENDRÍA QUE HABER HECHO AL LLEGAR A AZULIZA ES ENTREGARLE LA CARTA A MÁXIMO.

!!
DEVON S.
¡SOLO TENGO ESTA NOCHE PARA RETAR AL LÍDER DE GIMNASIO!
¡¡POR FAVOR, DAME UN POCO MÁS DE TIEMPO!!
¡¿SOLO ESTA NOCHE?!
¡¡VAMOS!!
ARF... ARF...
HECHO.

CLAAC
¡¡HE VENIDO A RETARTE!!
¡¡ESTOY AQUÍ!!
POM POM
¡¡LEECH!!!
AH, AL FIN HAS VENIDO.
MUY BIEN, ¡COMBATIREMOS!
CADA UNO PUEDE USAR DOS POKÉMON, Y PUEDES ALTERNARLOS LIBREMENTE.
SI UNO DE LOS POKÉMON NO PUEDE SEGUIR COMBATIENDO GANA EL OPONENTE.

¡ENTENDIDO!
ÑAC
¿ENTENDIDO?
ZAH
POM
POM
PICOTAZO.
GYUUU
¡QUÉ RAPIDEZ! ¡¿QUÉ ES...?!
¿UH?

ZAAAM ZAAAM
ZUUUUM
GYUN
BOM
BAUM
ZAH

¡IMPRESIONANTE VELOCIDAD!
¡MI ENHORABUENA!
FIU
¡¡MUESTRA TU OTRO POKÉMON!!
¡NO LO ESCONDAS!
¡HE ESTADO ENTRENANDO PARA ESTE COMBATE!
POM
¡¡PON TODAS TUS CARTAS SOBRE LA MESA!!
¡MUY BIEN!
¡LO QUE VIENE ES UNA GRAN OLA!

HM...
¡MUY BIEN!
¡CASI ESTÁ PREPARADO!
GUUUM
POM
PSIUUU
YA QUE COMBATES CON TANTO ÍMPETU...
...NO ME PUEDO QUEDAR DE BRAZOS CRUZADOS.
ZAS
¡AQUÍ ESTÁ!
UHM...
¡TÚ LO HAS QUERIDO!
FAH

POM
¡¡MI MAYOR BAZA! ¡¡MAKUHITA!!
¡¡ASÍ ME GUSTA, SACA AL POKÉMON MÁS FUERTE!!
¡AHORA ENSÉÑAME EL SECRETO DEL JU...!
¡¡RONO!!
¡¡GARRA METAL!!
¡¡COLA FÉRREA!!
SUUUH
!!

SUUUUH
BUM
ZIU ZIU ZIU
¡MUY BIEN, MUY BIEN!
¡ESO ES!
¡¡COMO CON LAS OLAS, NO TE OPONGAS AL ADVERSARIO!! ¡¡NO TE ENFRENTES A LA CORRIENTE!!

AL CONTRA-RIO...
¡¡CABALGA SOBRE ELLA!!
BAUM
¡¡RONO!!
¡AH!
ZAAAS
UGH
GUH
GGG
¡POR LOS PELOS! TU POKÉMON HA ESTADO A PUNTO DE CAER DE-RRIBADO.
CLAP
CLAP
VEO QUE HAS ENTRENADO BIEN A TUS POKÉMON ANTES DE VENIR.
PERO MÁS PODER O RAPIDEZ NO TE SERVIRÁN CONTRA EL JU.

¡¿LA FUERZA NO ES EFECTIVA Y PRUEBAS CON MOVIMIENTOS DE TIPO FUEGO?!
¿ESTÁS SEGURA?
¡¡LANZALLAMAS!!
¡¡CHIC!!
FOOOOSH
¡¡LA HABILIDAD DE MI MAKUHITA ES SEBO!!
¡SU ENORME CAPA DE GRASA SUBCUTÁNEA PROTEGE FRENTE A LOS MOVIMIENTOS DE TIPO FUEGO!
¡EN FIN...!

CRASH
SE ACABÓ.
¿¿¿¿¿...???
¡QUÉ PODER!
EL SECRETO DEL JU ES MAGNÍFICO.
NO SE HA OPUESTO A NINGUNO DE MIS MOVIMIENTOS. Y AUN ASÍ...
BUENO, GRACIAS POR LOS HALAGOS.
JA JA JA

PERO HAY ALGO MÁS, ¿VERDAD?
ALGO QUE NO HAS CONTADO SOBRE EL JU.
DE PEQUEÑA ME GUSTABA SUBIR A LOS ÁRBOLES.
FIU
TREPABA GRACIAS A LAS ENREDADERAS.
FIU FIU
PERO SI UNO LAS LANZA DIRECTAMENTE...
FAH
NO HAY MANERA DE ALCANZAR LAS RAMAS.
?
POR ESO HAY QUE GIRARLAS ASÍ...
FIU
FIU
ES LO QUE TODO EL MUNDO HACE.
LA FUERZA VA ACUMULÁNDOSE, POCO A POCO...
ZIU
ZIU
ZIU
CHAC
¡¡EP!!
¿NO TE PARECE SIMILAR AL SECRETO DEL JU?

AL APROVECHAR EL IMPULSO DEL ADVERSARIO, SIN OPONERSE,
LA ENERGÍA SE VA ACUMULANDO, POCO A POCO.
¿NO ES ASÍ?
¡BRAVO! ¡¡RESPUESTA CORRECTA!!
PLAS PLAS
IMPRESIONANTE. ¡¡HAS DADO EN EL CLAVO!!
SI HASTA AQUÍ LO HAS ENTENDIDO...
...YA TE HABRÁS DADO CUENTA DE ADÓNDE VA LA ENERGÍA ACUMULADA...
ZAH
¡LOS MOVIMIENTOS DEL ADVERSARIO SE ACUMULAN EN FORMA DE ENERGÍA...!
ÁREA GRITO TAMAÑO VOLVER
Nº 045 MAKUHITA
POKÉMON VALIENTE
ALTURA 1,0 M
PESO 86,4 KG
MAKUHITA ES TENAZ. DA IGUAL LAS VECES QUE LO VENZAN; VOLVERÁ A PONERSE EN PIE Y ATACAR. DE HECHO, CADA VEZ QUE SE RECUPERA ACUMULA MÁS ENERGÍA PARA PODER EVOLUCIONAR.
¡ASÍ ES!
GIUUUUUU
¡¡...QUE LE AYUDA A...
...EVOLUCIONAR!!

CAPÍTULO 106: Contra Beldum

¡¡TUS POKÉMON ESTÁN
EVOLUCIONANDO!!
¡COCO, NANA! ¡MIRAD HACIA AQUÍ!
UNO DE ELLOS HA EVOLUCIONADO AL TOCAR ACCIDENTALMENTE LA PIEDRA QUE LLEVABA EN MI CINTURÓN.
LA ENERGÍA HA PRECIPITADO EL CAMBIO.
BZZZ
¿!
¡HOLAAA!
¡QUE NO SE ME OLVIDE SACAR FOTOS!
¡ESO ES!
FLASH
FLASH
¡QUÉ EXPRESIÓN, QUÉ POSE!

ZAH
¡¡¿PERO QUÉ HACES?!!
DOCUMENTAR LA EVOLUCIÓN DE MIS POKÉMON. UN ENTRENADOR DEBERÍA CONOCER BIEN EL PROCESO.
LA EVOLUCIÓN ES UN FENÓMENO SINGULAR.
ASÍ QUE CADA DÍA GRABO VIDEOS Y SACO FOTOS.
VOY POR EL ÁLBUM NÚMERO 36, ¿QUIERE VERLO?
¡¡¿CREES QUE ES EL MOMENTO?!!
36
¡DAN!
!!
ZAH ZAH ZAH
ZAH

ZAH
¡GUAU!
¡COCO ES AÚN MÁS ADORABLE!
¡Y NANA INCLUSO MÁS CARISMÁTICA!

ESTOOO, SEÑOOOR...
MÁXIMO.
SEÑOR MÁXIMO, ANTES HA MENCIONADO UNAS PIEDRAS.
HA DICHO QUE COCO HA EMPEZADO A EVOLUCIONAR AL TOCAR LA PIEDRA DE SU CINTURÓN.
ALGUNOS POKÉMON EVOLUCIONAN AL RECIBIR LA ENERGÍA DE PIEDRAS ESPECIALES.
ES LO QUE HA PASADO CON UNO DE LOS TUYOS.
¡¡SOY RECOLECTOR DE PIEDRAS!!
¡MI TRABAJO CONSISTE EN ENCONTRAR ESTAS PIEDRAS ESPECIALES!
¿¡UN BUSCADOR DE PIEDRAS?!
¡¡GRACIAS A USTED COCO VA A ARRASAR EN DULZURA!!
¡ES UN BUEN TIPO!
¡LE AYUDARÉ EN LO QUE ME DIGA!

BRRRR
¡¡CORRE EN MI DIRECCIÓN!!
¡ATRAE A ESE GRUPO DE MAWILE! ¡Y DESPUÉS...!
DASH
EH... ESTO...
¡NO HAY SALIDA!
¡ESTÁ BIEN!
¡SI VIENEN, AQUÍ TENGO A MIS POKÉMON!
CHAC
ESTABAN AGAZAPADOS. SIEMPRE ME AVISAN SI PERCIBEN...
...ALGUNA PIEDRA EXTRAÑA.
PAH

¡¡BELDUM!!
BASHUUN
CREC
CREC
CREC
¡BONK!
¡¡DEFENSA FÉRREA!!
CLANC
GAARG
¡¡ESOS COLMILLOS DE ACERO...
...LOS HAN ATRAPADO!!
¡NO TE PREOCUPES!
SI EL OPONENTE ESTÁ HECHO DE ACERO...

YO TAMBIÉN PUEDO RESPONDER...
¡¡CON ACERO!!
CLONC
¡¡VENGA, A PARTIR DE AQUÍ NECESITO TU COLABORACIÓN!!
¡UTILIZA A TUS VELOCES POKÉMON PARA CORTAR EL PASO A LOS MAWILE!
¡¡COCO, NANA!!
¡ENTENDIDO!
ZAAAH
GIOOOOO
ZUH
CHAC

GROOOOOO
GROOOOOO
¡UAAAH!
GROOOOOO
UM

BAA
¡¡CO-CO!!
TAH
¡¡NA-NA!!
TAH
¿¡Y ESOS?!
¡¡METANG
Y META-GROSS!!
GIUUU

POR EL INTERIOR DE SU CUERPO CIRCULA UNA PODEROSA FUERZA MAGNÉTICA EN LUGAR DE SANGRE...
SU POLARIDAD ES OPUESTA A LA DE LA TIERRA, POR ESO FLOTAN EN EL AIRE.
¿EH?
SHIIIN
CHAC
ZHUUUM
CLOONC
CHAC
OH, UNA PIEDRA.
¡¡ESTUPENDO!!

ESTA ES UNA PIEDRA SOLAR.
Y LA PIEDRA QUE HA HECHO EVOLUCIONAR A UNO DE TUS POKÉMON ES UNA PIEDRA LUNAR.
GROOOR
EN LA REGIÓN DE HOENN HAY ENTERRADAS UN BUEN NÚMERO DE ELLAS.
¡SON UNA OBRA MAESTRA DE LA NATURALEZA!
¡MUCHOS SON LOS QUE DESDE LA ANTIGÜEDAD SE HAN AFANADO EN ENCONTRAR ESTAS PIEDRAS CARGADAS DE ENERGÍA!
ALGUNAS SE HAN PULIDO Y A ESAS SE LAS LLAMA "ESFERAS".
¿ESFERAS...?
SHUUUU
JA, JA... LO DICES COMO SI NO TE INTERESARA.
SÍ. ES QUE SOLO ME INTERESAN LOS CONCURSOS POKÉMON.
PERO GRACIAS A ELLAS MIS POKÉMON SON AÚN MÁS ESPECTACULARES, ASÍ QUE NO PODRÍA ESTAR MÁS CONTENTO.
TODO SON VENTAJAS...
ÑUC
ÑUC
¡EH! ¿QUÉ PASA?

UHM... PUES ERES BASTANTE BUENO.
QU... ¿QUÉ?
APARTE DE LAS PIEDRAS NECESITO...
...UN COMPAÑERO.
ZOOOM
¡UN COMPAÑERO PARA LUCHAR CONTRA LOS DOS GRANDES MALES QUE ASOLAN HOENN!
¿TU NOMBRE Y EDAD?
RU... RUBÍ, 11 AÑOS...
QUÉ PENA, SI TUVIERAS MÁS DE 16 PODRÍAS FORMAR PARTE DE MI EQUIPO..
TAH
¡ESTÁ DE BROMA! ¡SI YO NO SÉ COMBATIR...!

¿CREES QUE NO ME HE DADO CUENTA?
...
NOS VOLVEREMOS A VER.
RUBÍ...
DOSHUU
GIUOOOOO
¿"COMBATIR LOS DOS GRANDES MALES QUE ASOLAN HOENN"?
¿A QUÉ SE REFERIRÁ?
BUENO, ESTÁ BIEN...
¡PROSIGAMOS CON NUESTRO VIAJE!

CAPÍTULO 107:
Contra Hariyama

GUOOOOO
¡¡CHIC, VAMOS, TU ÚLTIMO MOVIMIENTO!!
¡¡ES INÚTIL!!
¡MI POKÉMON EVOLUCIONADO A HARIYAMA ACABA DE ADQUIRIR UN NUEVO PODER!
¡¡Y TU COMBUSKEN NO ES CAPAZ DE LIBERARSE!!
¡¡ESTO SE HA ACABADO!!

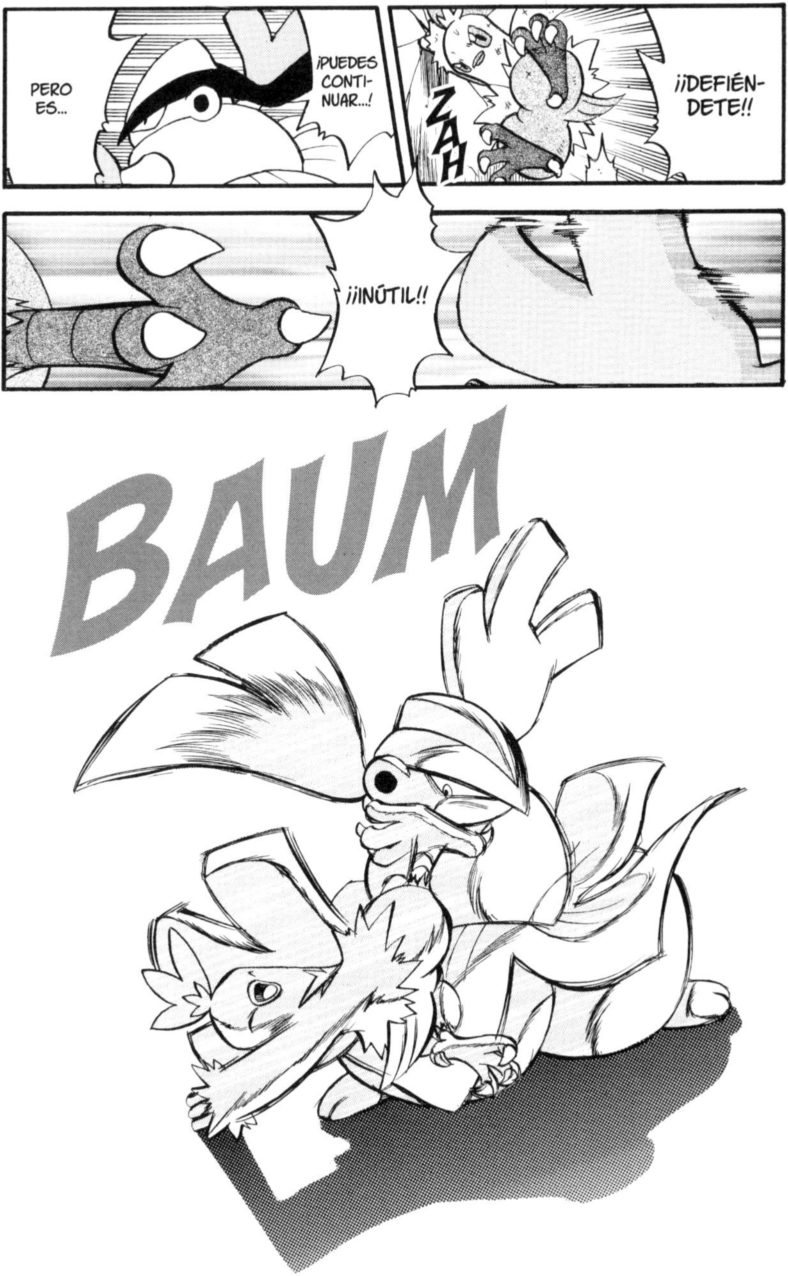
¡¡DEFIÉN-
DETE!!
ZAH
¡PUEDES
CONTI-
NUAR...!
PERO
ES...
¡¡INÚTIL!!
BAUM

EL CONTRAATAQUE DE HARIYAMA HA PUESTO FIN AL COMBATE.
HAS PERDIDO.
¿ESTÁ SEGURO?
CLAC
LA QUE HA GANADO EN EL ÚLTIMO MOMENTO...
¡SOY YO!
ZUUUUN
!!
Q... ¿QUÉ?!
ZAH
?!

¿Y ESAS DOS MAGULLADURAS?
LA PATADA DE CHIC Y EL TORTAZO DE HARIYAMA...
GGG
YO LLEVABA LAS DE PERDER...
HARIYAMA HA LOGRADO ESQUIVAR LA PATADA AÑADIENDO FUERZA AL MOVIMIENTO DE CHIC.
AUNQUE TÚ ERES EL MAESTRO DEL JU.
PERO... ¿Y SI CHIC...
ZAAAM
...HUBIERA LANZADO OTRA PATADA?
¿UNA DOBLE PATADA...?
ANTES DE SU CONTRAATAQUE, YO YA HABÍA EMPLEADO UN MOVIMIENTO OCULTO...
¡¡...CONTRARRESTANDO ASÍ EL CONTRAATAQUE!!

¡¡ESTABA ESPERANDO EL MOMENTO PRECISO!!
¡¡SABÍA QUE LANZARÍAS EL MOVIMIENTO MÁS PODEROSO JUSTO DESPUÉS DE QUE TU POKÉMON EVOLUCIONARA!!
ERA MI ÚNICA OPORTUNIDAD...
...Y EN LA CUEVA NOS ENTRENAMOS PARA ELLO.
PERO ¿CÓMO LO HAS SABIDO?
¿CÓMO HAS SABIDO QUE IBA A INTENTAR HACER EVOLUCIONAR A MAKUHITA DURANTE EL COMBATE...?
HAS SIDO ALGO DESCUIDADO.
EH... JE, JE...
AL DECIRME QUE SOLO PODÍAS COMBATIR ESTA NOCHE...
...SE ME HA OCURRIDO QUE HABÍA ALGUNA RAZÓN OCULTA.

PARECÍAS TENER MUCHO INTERÉS EN QUE VINIERA ESTA NOCHE.
ESA ES LA RAZÓN DE QUE EMPEZARA A DARLE VUELTAS.
ENTIENDO...
VAYA, ASÍ QUE HE DEJADO ENTREVER MI ESTRATEGIA...
COMO ENTRENADOR DE MIS POKÉMON PUEDO PRESENTIR CUÁNDO ESTÁN A PUNTO DE EVOLUCIONAR.
¡IBA A OCURRIR TARDE O TEMPRANO, PERO QUERÍA QUE EVOLUCIONARA DURANTE UN COMBATE. ENTONCES TE ENCONTRÉ EN LA PLAYA.
LA VERDAD, ¡NO ME VEÍA PERDIENDO!
ÑUC
ERES UNA CHICA MUY EXTRAÑA...
CLIC

BRRR
HE OÍDO UN TEMBLOR...
VIENE DEL LUGAR DE MI ENTRENAMIENTO...
BRRR
¡¡VIENE DE LA CUEVA!!
¡ESE CHAVAL...!
DASH

DASH
¡¡ESPE-RA!!
CHAC
¡¿POR QUÉ ME DETIENES?!
¡¡NO ES UN TEMBLOR NORMAL!!
BRRRR
¡¿TIENES INTENCIÓN DE ADENTRARTE AHÍ?!
¡YA SÉ QUE ES PELIGROSO!
¡TONTA!
¡¡ME PARECE MUY BIEN QUE HAYAS REALIZADO UN ENTRENAMIENTO ESPECIAL...
...PERO ESTAMOS HABLANDO DE LA CUEVA GRANITO!!

¡¡PE-
RO...!!
¡NI SIQUIERA LA GENTE DE LA ZONA SE ATREVE A PISARLA!
BRRRR
¡SE LA CONOCE POR LOS FEROCES POKÉMON QUE LA HABITAN!
¡ES QUE ESE IDIOTA ESTÁ AHÍ DENTRO!
BRRRRR
¡¡PUEDE QUE HAYA QUEDADO ENTERRA-
DO!!
A... ¡¿AMI-
GO?!
¡¿TIENES UN AMIGO EN LA CUEVA GRANITO?!
...
QU.. QU... ¡¿QUÉEE?! ¡¿AMIGOOO?! ¡¡DE ESO NI HABLAR!!

SI ES ASÍ NO TE PUEDO DETENER.
AUNQUE SEA PELIGROSO, ES IMPORTANTE QUE SALVES A TU AMIGO.
¡¡QUE NO ES MI AMIGOOO!!
NO TE AVERGÜENCES.
YO TAMBIÉN TENGO UN AMIGO POR EL QUE DARÍA LA VIDA.
UN COMPAÑERO DE ENTRENAMIENTO...
YO ESCOGÍ EL SECRETO DEL JU, ÉL DOMINA EL SECRETO DEL GO.
¡SIENTO HABERTE DETENIDO! ¡SALGO DE EXPEDICIÓN!
NOS SEPARAMOS AQUÍ. ¡¡TEN MUCHO CUIDADO!!
¡¡GRACIAS!!
¿QUÉ LE HABRÁ PASADO? ¡¿ESTARÁ BIEN?!

ZAH
ZAH
EH, ¿QUÉ ESTÁS HACIENDO AQUÍ?
¡AH, CLARO! YA SÉ.
LAS NIÑAS SALVAJES VIENEN A DESAYUNAR A LAS CUEVAS.
¿QUÉ HAY EN EL MENÚ? ¿HIERBAS? ¿SOPA DE PIEDRAS?
¡VENGA, QUE ES BROMA! ¡NO TE ENFADES!
...
¡¡AL OÍR EL TEMBLOR DE LA CUEVA GRANITO...
...PENSABA QUE PODRÍAS HABER QUEDADO ENTERRADO Y HE VENIDO CORRIENDO!!
PE... PERO ¿POR QUÉ? ¡NO TE HE PEDIDO QUE VINIERAS A SALVARME!
ME HA RODEADO UN GRUPO DE POKÉMON SALVAJES, PERO...

¡ME HE ENCONTRADO CON UN TAL MÁXIMO Y JUNTOS HEMOS SALIDO DEL APURO DEL MODO MÁS ELEGANTE!
!!
¡¡¿QUÉ HAS DICHO?!! ¡¿CON QUIÉN TE HAS ENCONTRADOOO?!
YA SE HA IDO. HA DESAPARECIDO EN DIRECCIÓN AL MAR.
POFFF
GEEE... CON MÁXIMO...
¿DE VERDAD? ¡¿Y DÓNDE ESTÁ?!
PE... PERO YO TENÍA QUE REUNIRME CON ÉL...
CREC CREC
GRRR
¿POR QUÉ? ¿POR QUÉ?
¡¡PERO AÚN PODEMOS ALCANZARLO!!
¡¡TÚ TE VIENES CONMIGO Y ME EXPLICAS EN QUÉ DIRECCIÓN HA IDO!!

BON
¡OAAAAH!
¡¡VAMOS, WALO!!
FLOAAASH
¡69 DÍAS PARA CUMPLIR EL RETO!

CAPÍTULO 108:
Contra Plusle y Minun
(1ª parte)

RUTA 108. REGIÓN DE HOENN.
EN ESTE LUGAR DONDE YA NO NAVEGAN EMBARCACIONES, DESCANSA UN VIEJO BARCO ABANDONADO.
LOS AÑOS HAN HECHO MELLA EN ÉL...
SE ENCUENTRA MEDIO HUNDIDO Y CUBIERTO POR LA VEGETACIÓN.
NADIE SE ACERCA A ESTE CEMENTERIO MARINO...
LA NAVE TIENE EL NOMBRE DE...
¡"LA NAO ABANDONADA"!
ZAH

UN CHICO QUE USA MAQUI-LLAJE... PUAGH.
A...
¡QUÉ PELAJE MÁS PRE-CIOSO!
RIS
UHM...
RIS

¡KIAH!
¡KIAH!
¡KIAH!
Y AHORA... ¡DOBLE PATADA!
ZIU
ZIU
¡PERO BUENO! ¡¡CUIDADO...!!
¡¿SI TIENES TIEMPO PARA ESTAS TONTERÍAS POR QUÉ NO TE ESFUERZAS EN APRENDER ALGÚN MOVIMIENTO?!
PARECE MENTIRA QUE SEAS HIJO DE UN LÍDER DE GIMNASIO...
HUMF
¡VAMOS, CHIC! ¡¿ENTRENAMOS?!
VIVES EN UNA CUEVA EN LO MÁS PROFUNDO DE LAS MONTAÑAS Y SIN ROPA. ¿CÓMO QUE NO ERES UNA SALVAJE?
Y SI NO, PUES UNA PRIMITIVA.
¡¡EH, QUE NO SOY NINGUNA SALVAJE!!
SABES QUE A MÍ SOLO ME INTERESA GANAR TODOS LOS CONCURSOS POKÉMON.
NO SOY UNA SALVAJE COMO TÚ.
¡ESTABA AYUDANDO A PAPÁ CON SU TRABAJO DE CAMPO!
¡¿DE QUÉ NARICES ESTÁS HABLANDO?!

¡DA GRACIAS A QUE TE DEJE CRUZAR EL MAR!
¡PERO SI ME HAS OBLIGADO A MONTAR!
WAAAH
¡¡QUE TE CALLES!!
¡¡SI QUIERES IR NADANDO, TÚ MISMO!!
¡¡WAAAAAA!!
AASH
FLOA
UOH UOH...
¿QUÉ PASA, WALO?
¿NOS ESTARÁ DICIENDO QUE NO QUIERE QUE NOS PELEEMOS SOBRE SU LOMO?
WALO ES EL POKÉMON DE PAPÁ...
KAJOOO
¿QUÉ NOS QUIERES DECIR?

¿OCURRIRÁ ALGO?
!!
QU... ¡¿QUÉ ES ESO?!
¡¡LA NAO ABANDONADA!!
¡HE OÍDO HABLAR DE ELLA!
ES UN BARCO DE PASAJEROS QUE LLEVA AHÍ MUCHO TIEMPO.

YA ES DE NOCHE, Y CON ESTA NIEBLA...
SERÁ MEJOR DESCANSAR.
¡¡DECIDIDO!!
¿DECIDIDO?
¡TÚ VAS A DORMIR ALLÍ!
¡ME NIEGO ROTUNDAMENTE! ¡¡¡POR NADA DEL MUNDO PIENSO DORMIR EN ESE BARCO FANTASMA!!!
YO VOY A DORMIR ENCIMA DE WALO.
NO PIENSO DORMIR EN EL MISMO LUGAR QUE UN CHICO.
¿QUÉ DIRÍA PAPÁ..?
ASÍ QUE...
¡HASTA MAÑANA!
...
¡NO SIRVE DE NADA QUE TE QUEJES!
ZUUU
¡¿QUÉ HACEEES?!

EN FIN, SUPONGO QUE PODRÍA DORMIR AQUÍ...
UN CHICO DE CIUDAD COMO YO... ¡DESDE QUE SALÍ DE VILLA RAÍZ NO HE PASADO UNA SOLA NOCHE EN UN HOTEL!
¡DESDE LUEGO...!
LA VEGETACIÓN LO HA INVADIDO CASI POR COMPLETO...
¡Y AHORA TENGO QUE DORMIR EN UN BARCO FANTASMA...!
¿UH...?
UFFF...
¡UNA BAYA PERAGU!
¡Y UNA BAYA ORAM!
¡GUAU! ¡UNA BAYA FRAMBU!

TOP
MUMU, CÓGE-LA.
ES MUY RARA DE VER, LA BAYA WIKANO.
¿PUEDE QUE EL BARCO LLEVARA SEMILLAS Y HAYAN CRECIDO AQUÍ DESPUÉS DE TANTO TIEMPO?
FUAASH
BAM
BIIIII
¡¿UN POKÉMON SALVAJE?!
¿ESTÁS BIEN, MUMU?
¡¿PERO QUÉ HA SIDO ESO?!

BAAAAM
TAH TAH TAH
¡NO HUYAS!
LA ALETA DE MUMU POSEE UN RADAR.
¡PUEDE CAPTAR LAS VIBRACIONES EN EL AIRE Y LOCALI-ZARTE!
BATAM
A VER, ¡¿QUIÉN HA SIDO, EH?! ¡MIRADME A LOS OJOS!

PERO QUÉ PRECIOSIDAD...
FLUF
SO... SOIS DEMASIADO MONOS...
POF
BUF... NO PUEDO REGAÑAROS... CO... ¿CÓMO NO OS VOY A PERDONAR?
EJEM
SOLO HA SIDO SOLO UNA TRAVESURA.
PERO SI SOIS POKÉMON SALVAJES, ¿QUÉ HACÉIS EN ESTE BARCO?
¿UH?
¡¿UN DIARIO?! ¡DE HACE DOS AÑOS!
¿SERÍA DE UNO DE LOS PASAJEROS?
¿LO CONOCÍAIS?
¿OS HAN ABANDONADO?
VAYA...
OS SENTÍAIS SOLOS, ¿NO?
FLO FLO
SLURP SLURP

AH...
JA, JA, JA...
OH, ¿UN REGALO EN SEÑAL DE AMISTAD?
BOOOM
AAUUUU
¡¿QUÉEE?!
SCRACH SCRACH
¡¡VENID AQUÍ...!!
PLAS
¡¡ESTÁN CONFUNDIDOS!! ¡¿PERO SE PUEDE SABER QUÉ TENÍAN ESTAS BAYAS?!
¡¡AH!!

SPLOSH
¿HAS PASADO MUCHO MIEDO?
SI ME PIDES DISCULPAS POR LO DE ANTES TE PERDONO...
SPLOSH
?
MUY PRONTO NO QUEDARÁ NI RASTRO DE ESTE MALDITO MAR...
NO PUEDO ESPERAR A VERLO... JO, JO, JO... VA A SER DIVER-TIDO.
FAH
¡¡HAY AL-GUIEN!!

MAPA DE LA AVENTURA

ZAFIRO

RUBÍ

CHIC
COMBUSKEN ♀
NV. 16

RONO
LAIRON ♂
NV. 32

WALO
WAILORD ♂
NV. 41

ZAFIRO	RUBÍ
RUTA 105	RUTA 105
RUTA 106	RUTA 106
PUEBLO AZULIZA	PUEBLO AZULIZA
CUEVA GRANITO	CUEVA GRANITO
RUTA 107	RUTA 107
RUTA 108	RUTA 108
NAO ABANDONADA	NAO ABANDONADA

NANA
MIGHTYENA ♀

COCO
DELCATTY ♀

MUMU
MUDKIP ♂

FÉRRICA	AZULIZA	MALVALONA	LAVACALDA
PETALIA	ARBORADA	ALGALIA	ARRECÍPOLIS

	CARISMA	BELLEZA	DULZURA	INGENIO	DUREZA
NORMAL					
ALTO					
AVANZADO					
EXPERTO					

CAPÍTULO 109:
Contra Plusle y Minun
(2ª parte)

HE OÍDO UNA VOZ...
ESTOY SEGURA...
TAH
FLAP FLAP
!
FLAP FLAP
FIU FIU
¡¡WALO, ESCÓNDETE!!
TOMP

JO, JO, JO... ¡ASÍ QUE ESTA ES LA NAO ABANDONADA!
¡Y AHÍ DENTRO DEBE DE ESTAR EL APARATO!
VE TÚ, TATIANO...
YO ME QUEDO AQUÍ.
¡¡EH!! ¡¡¿NO TE DIGNAS A RESPONDERME?!!
¡¡BUENO, EMPECEMOS LA BÚSQUEDA DEL TESORO, CAROLA!!
¿QUIÉNES SERÁN? ¡ENTRE LA NIEBLA Y EL POLVO NO HAY MANERA DE VER NADA!

¡¿Y DESDE CUÁNDO ESTÁS EN POSICIÓN DE DARME INSTRUCCIONES?! ¿EEEH?
PESADO...
¿LO ECHAMOS A SUERTES?
LANZO YO.
PAH
FIU
¡¡CARA!!
¡CRUZ!
HE GANADO. VE DE UNA VEZ, TONTAINAS.
UGH.
¡¡ME ACORDARÉ DE ESTA, SO BRUJA!!
BUF
BIEN... SAL DE AHÍ.
ZIP
¡TÚ, ENANA, SAL DEL ESCONDRIJO!
FAAAH

¡¡AH!!
ZAH
ZAS
¡UGH!
POM
¡¡CHIC!!
¡¡RO-NO!!
¡¡NINE-TALES!!
GOO
ON

¡¡UAAARGH!!
ZAH
UH...
¡VENGA, MUÉSTRATE DE UNA VEZ!
JU, JU, JU... ¿LOS OJOS TE ARDEN?
PICA, ¡¿EH?! TE HE ROCIADO CON UN PREPARADO DE BAYA TAMATE GRACIAS A UN MECANISMO QUE TIENEN LOS GUANTES.
EN CUANTO HE LLEGADO, HE SENTIDO TU PRESENCIA.
EL IDIOTA DE TATIANO NO SE HABÍA DADO CUENTA DE NADA...
ZUUU
ZUUU
BAAAM
SABÍA QUE HACÍA BIEN AL QUEDARME AQUÍ. NO PODEMOS DEJAR QUE NADIE SEPA DE NUESTRA EXISTENCIA.

SWOOO SWOOO
¡¿UH?!
ESTA VEZ SÍ QUE NO HAY MANERA DE ENCONTRARLA.
AGH... AFH... ¿DE VERDAD HA PERCIBIDO MI PRESENCIA DESDE EL COMIENZO?
CREÍA QUE ESTABA BIEN ESCONDIDA.
ES MUY PODEROSA... ¡RONO, E INCLUSO...
...CHIC, QUE ES DE TIPO FUEGO, HAN SUFRIDO QUEMADURAS!
¡ME DUELEN LOS OJOS Y NO LOS PUEDO ABRIR...! ¡NO HE PODIDO VERLE LA CARA!
Y ENCIMA POR AHÍ ANDA SUELTO...
¡¡EL DEBILUCHO!!
ESTÁ DENTRO DEL BARCO. ¡SEGURO QUE LO ENCUENTRAN Y SE METE EN PROBLEMAS!

¡¡ESPERAAA!!
¡TENGO QUE ENCONTRARLE PRIMERO!
SNIF SNIF
SNIF SNIF
PAF
JU, JU, JU... ¡AJÁ!
SHIN
BUF...
AY, AY, AY...
¡¡GUUU!!
¡HE DESCUBIERTO UNA CONSTANTE EN VUESTRO RECORRIDO!

¡SEGURO QUE ES UNA BAYA EXÓTICA!
¿UNA BAYA ÚNICA, CRECIDA DURANTE DÉCADAS EN ESTE BARCO ABANDONADO?
HE ACERTADO.
ME HACÉIS CORRER DE AQUÍ PARA ALLÁ, EVITANDO ESA PUERTA.
DETRÁS HAY ALGO, ¿NO?
ARF... AGH.
¡ASÍ QUE...!
¡SEA LO QUE SEA TIENE QUE SER ALGO BUENO!
¡GRACIAS POR ENSEÑARME EL CAMINO, CHAVAL!
PLOM
BONK

ZAS
¡¡FUERA DE AQUÍ!!
¡¡APARTAD!!
DASH
JO, JO, JO... ¡BINGO!
Se me acaba el tiempo. Mis únicas preocupaciones son Plusle, Minun y el escáner que he desarrollado.
¿EH?
FFF
BLAM

¡EEEH! ¡DESPIERTAAA!
UUUGH...
UH... UH...
¡SSSH!
¡AY, AU...!
¡¡AH!! ¿¡ME HAS GOLPEADO TÚ?!
¡¿PERO QUÉ DICES?! ¡MIRA BIEN A TU ALREDEDOR!
¿ESE TIPO?
¡PARECE QUE ESTÁ BUSCANDO ALGO POR EL BARCO!
¡A MÍ ME HA ATACADO LA CHICA QUE IBA CON ÉL!
¿ESTÁS AHÍ, TATIANO?
¡¡AHÍ ESTÁ!!
¿QUÉ PASA, CAROLA? ¿HAS VENIDO HASTA AQUÍ?
¡YA LO HE ENCONTRADO!
¡¡TENGO EL ESCÁNER!!

NO HABRÁS VISTO UNA NIÑA POR AQUÍ...
¿UNA NIÑA? HABÍA UN CHICO...
LE HE DEJADO INCONSCIENTE.
¿EEEH? ¡PERO SI NO ESTÁ!
¡SI NOS ENCUENTRAN SERÁ NUESTRO FIN!
QU... ¿QUÉ PODEMOS HACER?
¡COMBATIR, POR SUPUESTO!
¡PERO AHORA MISMO NO PUEDO ABRIR LOS OJOS! ¡DEPENDO DE TI!
!!
MIS POKÉMON SE HAN QUEDADO CONFUSOS.
OH, NO...
LOS MÍOS FUERA DE COMBATE POR QUEMADURAS.
CHI CHI

¿HAY ALGÚN OTRO POKÉMON?
ESOS DOS SON INCORREGIBLES, ASÍ QUE...
¡PUES NECESITAMOS SU COOPERACIÓN!
¿EEEH?! ¡¡IMPOSIBLE!!
¡NO IMPORTA! ¡DEBEMOS INTENTARLO!
SOMOS DOS CONTRA DOS. ¡¡VAMOS!!
VENGA...
ÑUC
ZAAAAH

¡ESCUCHAD! BSSS... BSSS... BSSS...
¡¡DOBLE EQUIPO!!
DASH
ZIUUUUU
PE... ¡¿PERO QUÉ...?!
FUAAA
TAP TAP TAP TAP

FZZZZZZ
ZAAH
¡¡AHORA!!
DASH

¡TAL COMO IMAGINABA!
¡SON POKÉMON SALVAJES, PERO AL COMPARTIR ENEMIGO HAN DEJADO QUE LES DIÉRAMOS INSTRUCCIONES!
LA POKÉDEX PUEDE INDICARNOS OTROS MOVIMIENTOS QUE USAR CON ESTOS DOS...
¡¡SÍ, SÍ, ESTOY EN ELLO!!
¡AUNQUE ESTE ATAQUE ES PODEROSO...!
FZZZZZ
¡PARECE QUE SUS NOMBRES SON PLUSLE Y MINUN!
Y SU HABILIDAD...
HABILIDAD
MÁS
SE VUELVE MÁS FUERTE CUANDO ESTÁ AL LADO DE PLUSLE.
¡¿PLUSLE Y MINUN?!
HABILIDAD
MENOS
SE VUELVE MÁS FUERTE CUANDO ESTÁ AL LADO DE MINUM.
BASE DE DATOS
¡¡CUANDO LUCHAN JUNTOS...
...SU ATAQUE ESPECIAL COBRA MÁS INTENSIDAD!!
¡¡UOOOOOH!!
¡UAAAAAH!
¡NO OS CONFIÉIS, CRIAJOS!
¡¡NINETALES!!

GUARRG
¡ESTÁN ESPERANDO NUESTRA PRÓXIMA INSTRUCCIÓN!
¡SI HASTA AHORA NO HACÍAN MÁS QUE TOMARME EL PELO...!
PUF
PUF
¡ESE ESCÁNER...
...DEBE DE SER MUY IMPORTANTE PARA ELLOS!
¡¿QUÉ HACES?! ¡¡DATE PRISA!!
¡¡VOY!!
CREÍA QUE TRAS LA PUERTA HABÍA UNA BAYA EXÓTICA.
PERO NO, ¡ERA ESE DISPOSITIVO!

ZOOOM
BAAAM
PUM
PUM
PUM
FUUUH
!!
¡HA QUEDADO FUERA DE COMBA-TE!
¡¡ME HA DADO PRO-BLEMAS!!
...
¡¡OH, NO!!
¡¿QUÉ PODEMOS HACER?!
NO PODEMOS DEJAR QUE SIGÁIS ESTOR-BANDO...
¡TENDREMOS QUE APLAS-TAROS SIN CONTEMPLA-CIONES!

GGG
WOOOOSH
¡¿ESTÁIS SEGUROS?!
SI OS MOVÉIS UN MILÍMETRO...
...LO TIRO AL MAR.
FIU
TENDRÉIS EL ESCÁNER, PERO...
...AQUÍ SE ENCUENTRA ESCRITA LA CLAVE DE ACCESO.
DIARIO
ZAH

¡¡DÉJATE DE TONTERÍAS, MOCOSO!!
SI NO ME CREES, ADELANTE, LO DEJARÉ CAER.
ZIU
¡¡UAH!! QU... QU...
¡¿QUÉEEES?!
SI QUIERES QUE TE ENTREGUE EL DIARIO, PRIMERO...
CHAC
...TRAE AQUÍ A ESE PLUSLE.
¡¡UGH!!
ESTA BIEN, TATIANO... YA VOY YO.
SSSHU
SSSHU
SHIIIN
SHIIIN
...
SHIIIN

TAP
¡AHORA!
DASH
¡¡UAAAH!!
FAH
FWWW
FZZZUM

SHAAA
¡¡OK!!
¡EEEEH!
DASH
¡¡ES LA HORA DE DECIR ADIÓS!!
ZUUUM
¡¡ESPE-RAAAD!!

¡NO ESTÁN! ¡¿PERO ADÓNDE HAN IDO?!
FAH
BUF
NOS HEMOS SALVADO... ¿ESE ÚLTIMO MOVIMIENTO ERA REFUERZO?
FAH
SÍ...
LOS DOS TENÍAN POCA ENERGÍA, PERO MINUN HA AYUDADO A PLUSLE
Y HEMOS LOGRADO QUE SOLTARAN EL ESCÁNER.
¡¡CUANDO SE JUEGA DOS CONTRA DOS SIEMPRE TRIUNFA EL TRABAJO EN EQUIPO!!
¡¡NUESTROS ADVERSARIOS SE LLEVABAN MAL ENTRE ELLOS, POR ESO HEMOS PODIDO VENCERLOS!!

¿QUÉ OCU-RRE?
EN REA-LIDAD HEMOS FALLA-DO.
ESTE ESCÁNER NO ES MÁS QUE LA CAR-CASA.
¿¿EEEEEEH??
ESTU-PENDO.
¡MENUDO ESTORBO DE CRÍOS! ¡ME ACORDARÉ DE ELLOS!
¡PERO HEMOS CONSEGUIDO EL ESCÁNER!
NO ESTÁ MAL, ¿NO?
¿QUE NO ESTÁ MAL? ¡¡TATIANO, ERES IDIOTA!!
¡¿PERO QU...?!
NO HE PODIDO VERLES LA CARA A ESOS DOS CRÍOS, ¿Y TÚ?
PUES... LA VER-DAD ES QUE NO...

ES QUE PRIMERO HE GOLPEADO
AL CHICO POR LA ESPALDA... Y CLARO...
SHA
ZIU
AH... EN FIN...
CHAC
AVERIGÜEMOS QUIÉNES SON...
FSSSH...
AHÍ ESTÁN... AHORA PODREMOS IDENTIFICARLOS.
¡68 DÍAS PARA CUMPLIR EL RETO!

CAPÍTULO 110:
Contra Torkoal

ZAAAH
HEMOS ACABADO DE RECORRER LA RUTA 109...
...Y NO HEMOS DADO CON MÁXIMO.
YA TENGO SUFICIENTE.
ESTAR CONTIGO SOLO ME TRAE PROBLEMAS.
NO PUEDO CONTINUAR CON LOS CONCURSOS, Y ENCIMA MIS POKÉMON ESTÁN HERIDOS...
PON
A PARTIR DE AQUÍ SEGUIRÉ MI PROPIO CAMINO.
¡¿PERO QUÉ MANERA DE HABLAR ES ESA?! ¡¡TE HAS SUBIDO A WALO, TE HE TRAÍDO HASTA AQUÍ Y HASTA TE HE SALVADO!!
PERO ESO ES OTRA HISTORIA TOTALMENTE DISTINTA.
¡¡NO TE OLVIDES DEL RETO!!
¡¡LO MISMO DIGO!!
¡¡NO TE SORPRENDAS CUANDO VEAS QUE HE VENCIDO TODOS LOS CONCURSOS DESLUMBRANDO CON LA BELLEZA DE MIS POKÉMON EVOLUCIONADOS!!

¿QUÉ DEBEMOS HACER A CONTINUACIÓN?
EH, LÍDER...
FLOOOSH
BLAISE ESTÁ AQUÍ.
NO HAY QUE PRECIPITARSE, TATIANO Y CAROLA.
ESTOY DE ACUERDO, DEBERÍAMOS REDUCIR A CENIZAS CIUDAD PORTUAL.
¡¡PUES AHORA QUE TENEMOS EL ESCÁNER DEBERÍAMOS METER CAÑA!!
¡OH, ¿Y QUÉ TAL HA IDO?!
CREC
HE VUELTO, LÍDER.
MUY BIEN, MARCHAD LOS TRES.
CRASH
EL SUBMARINO EXPLORADOR 1 ESTÁ COMPLETO AL 95 POR CIENTO.
HE VISTO EL ASTILLERO DE CIUDAD PORTUAL.

¡LA INCAN-
DESCENCIA DEL
EQUIPO MAGMA
DESECARÁ POR
COMPLETO
LOS MARES!
¡¡ESE ES
EL MUNDO
QUE TODOS
CONOCE-
RÁN!!
OH...
A
VER
SI ES
VER-
DAD...
ZAH
¡LO
ABRA-
SARE-
MOS!
POM
FWOOOSH

CIUDAD PORTUAL.
WOOSH
WOOSH
SHIU UUU
¡ESTUPENDO! ¡DE NUEVO HE PODIDO CAPTAR EL INSTANTE DE LA EVOLUCIÓN!
¡ENTIENDO QUE EL PROFESOR ESTUVIERA INTERESADO EN TI! ¡ABSORBES TUS EXPERIENCIAS Y EVOLUCIONAS RÁPIDO!
FLASH
FLASH
FLASH
POR EL MOMENTO LA PARTE VISUAL NO ES TU FUERTE, PERO SEGUIRÉ SACÁNDOTE FOTOS.
SHUUU
MUMU, TE HAS HECHO FUERTE.
¡Y NANA Y COCO TAMBIÉN!

BIEEEN, HOY ORGANIZARÉ MIS FOTOS.
CHICO.
¿EH?
LO QUE TIENES EN LA MANO
NO SERÁN UNAS POKÉ BALLS...
AH, PUES SÍ...
¡MAGNIFICO! ¡SER UN ENTRENADOR POKÉMON A TU EDAD! ¡ES ADMIRABLE!
OH, GRACIAS.
MMMH... ¡QUÉ SEGURIDAD EN TI MISMO!
IMAGINO QUE TU HABILIDAD ES EXTRAORDINARIA.
¡DÉJAME VER SU INTERIOR, POR FAVOR!
¡¿PERO QUÉ...?!
¡SOLO SERÁ UN MOMENTO!
POM
POM
POM
¡AAAH!
OOOH...
MA... ¡MARAVILLOSO!

¡YA SÉ! ¡LO HE DECIDIDO!
¡VOY A HACERTE MIEMBRO HONORARIO DEL CLUB DE FANS DE POKÉMON!
¿CLUB DE FANS DE POKÉMON?
AQUÍ ESTÁ.
CLUB DE FANS DE POKÉMON
¡AH, UN MOMENTO!
POR FAVOR, ENVÍA ESTO A PUEBLO OROMAR, A MI HERMANO.
¡AH! ¡¡UN SELLO POKÉMON!!
PERO, ¡¿USTED QUIÉN ES?!
EJEM EJEM
EL MEJOR PRESIDENTE QUE HA TENIDO EL CLUB DE FANS DE POKÉMON.
EN NUESTRO CLUB ADORAMOS A LOS POKÉMON.
¡PORQUE LOS POKÉMON SON TAAAN MONOS!
¡POR CIERTO, TUS POKÉMON TAMBIÉN SON ADORABLES!
AGH
¡¿CÓMO PUEDES HACER COMBATIR A SERES TAN ADORABLES?!
!!

CHAC
¡¡YO OPINO IGUAL!!
SNIF, SNIF... ES LA PRIMERA VEZ QUE ME ENCUENTRO EN HOENN A ALGUIEN QUE PIENSA COMO YO.
A MI ALREDEDOR NO HAY MÁS QUE MANIÁTICOS DE LOS COMBATES.
SIENTO QUE HAYAS TENIDO QUE PASAR POR ESO...
¡¡PERO...!!
¡¡EN ESTA CIUDAD PUEDES VIVIR SIN TENER QUE CARGAR CON ELLO!!
¡CIUDAD PORTUAL...
...ESTA HECHA PARA LA GENTE COMO TÚ!
¡GUAU!
CIUDAD PORTUAL
EN EL CENTRO HAY UN MERCADO LLENO DE VIDA.
GRAN
¡EN LOS PUESTOS DEL MERCADO SE VENDEN PRODUCTOS MARAVILLOSOS!
PIKA
¡MIRA! ¡EL MUÑECO AZURILL, EL MUÑECO MARILL, EL MUÑECO SKITTY!
¡SON TAN MONOS QUE ESTOY DESEANDO DECORAR MI HABITACIÓN CON ELLOS!

Concurso Pokém
Y ESO NO ES TODO...
¡AQUÍ SE CELEBRAN LOS CONCURSOS POKÉMON!
¡A MÍ PERSONALMENTE ME CHIFLA EL CONCURSO DE GLAMOUR POKÉMON!
...
PRESIDENTE...
CHICO...
¡VAMOS!
¡ES HORA DE QUE HOENN CONOZCA MI EQUIPO DE DULZURA, CARISMA Y DUREZA!
WAAA
urso Pokémon
DESPUÉS DE LA VOTACIÓN DEL PÚBLICO PARA JUZGAR LA CATEGORÍA DE DULZURA...
¡PASAMOS A LA EXHIBICIÓN DE MOVIMIENTOS!
WAAAA
WAAAA

EL MOVIMIENTO IMAGEN DE RAIGAN, DE JERÓNIMO.
TAP
TAP
EL MOVIMIENTO AMNESIA DE KENTARO, DE ELISA.
FUUOOO
EL MOVIMIENTO GRUÑIDO DE SUPALA, DE CLARA.
EL MOVIMIENTO ATRACCIÓN DE YOYO, DE DAFNE.
WAAAA
GRRR
WAAAA
¿QUIERE DECIR QUE RUBÍ NO PUEDE PARTICIPAR EN EL CONCURSO?
RECEPCIÓN
ESO ES, LO SIENTO MUCHO.
SIN EL PASE NO PUEDE PARTICIPAR.
PERO, AUNQUE LO TUVIERA, ESTA COMPETICIÓN ES DE NIVEL AVANZADO...
ASÍ QUE TAMPOCO SERVIRÍA DE NADA.
PERO RUBÍ HA GANADO MUCHOS CONCURSOS FUERA DE HOENN...
¿NO VALDRÍA CON PRESENTAR LOS PASES QUE POSEE?
NO, LO SIENTO MUCHO.
NO SE ACEPTAN PASES DE FUERA DE HOENN.

LOS PASES SOLO SE EXPIDEN EN PUEBLO VERDEGAL.
UUUH...
PRESIDENTE, NO SE PREOCUPE.
PERO ES QUE...
VAYA... QUIERO PARTICIPAR, PERO TAMPOCO BUSCO PROBLEMAS.
SI ARMO JALEO SE CORRERÁ LA VOZ Y PAPÁ ME ENCONTRARÁ FÁCILMENTE.
¡MUY BIEN, PRESIDENTE! ¡DESAHOGUEMOS NUESTRA FRUSTRACIÓN FABRICANDO UN POKÉCUBO!
¿POKÉCUBO?
SE LES DA DE COMER A LOS POKÉMON PARA MEJORAR SU CONDICIÓN.
ES UN DULCE FABRICADO A PARTIR DE DIFERENTES BAYAS.
Preparación de pokécubos
SE ME DA MUY BIEN FABRICARLOS.
HE RECOGIDO UN MONTÓN DE BAYAS POR EL CAMINO.
ZREZA, ATANIA, MELOC, SAFRE, PERASI, ZANAMA, ARANJA, CAQUIC, ZIDRA...
ZIU
¡¡OOOH!!

PERO TODO EL MUNDO ESTÁ VIENDO EL CONCURSO.
SSSH
ESTO...
¡PERO NECESITAMOS A OTRAS DOS PERSONAS!
¡PARA MEZCLARLAS SE UTILIZA ESTA MÁQUINA!
¡OH!
¡CUANTA MÁS GENTE LE DA VUELTAS, MÁS SUAVE SALE EL POKÉCUBO!
VAMOS, ¡A MEZCLAR LAS BAYAS! ♪
PERO, QU... QU... ¿QUÉ PASA?
CLAC
¡¡AQUELLOS DOS!!
VENGA A ESPERAR A QUE APARECIERA POR EL ASTILLERO Y MÍRALO, AQUÍ, HACIENDO EL TONTO.
LOS HEMOS ENCONTRADO.
AHÍ ESTÁN...

¿QUÉ HACEMOS, BLAISE? SI LOS SEPARAMOS DE LOS OTROS PUEDE HABER PROBLEMAS.
¡PUES NOS LOS LLEVAMOS A TODOS!
BIP-BOP
SÍ, CLARO.
TE TOCA, TATIANO.
DÉJAMELO A MÍ.
OOOH...
KYUN
KYUN
ESTÁ GIRANDO, ESTÁ GIRANDO...
KYUN
KYUN
GYUN
GYUN
GYUUUN GYUUUN
¡EH! ¡ESTO TAMBIÉN ESTÁ GIRANDO!
¿PERO QUÉ ES ESO?
GIUUUN
GIUUUN

ZAA AM
FUUUH
UN... ¿¿UN POKÉMON?!
FUA AAH
¡UAAAGH!
COF, COF
FSSSH
FSSSH

JIE
BLOF
ZAH
¡BIEN!
ZUM
POM
¡CARGAD CON ELLOS!

MAPA DE LA AVENTURA

ZAFIRO

CHIC COMBUSKEN♀ NV. 17

RONO LAIRON♂ NV. 33

WALO WAILORD ♂ NV. 41

RUBÍ

NANA MIGHTYENA♀

COCO DELCATTY♀

MUMU MARSHTOMP♂

RUTA 108

▼

NAO ABANDONADA

▼

RUTA 109

▼

CIUDAD PORTUAL

FÉRRICA	AZULIZA	MALVALONA	LAVACALDA
PETALIA	**ARBORADA**	**ALGALIA**	**ARRECÍPOLIS**

	CARISMA	BELLEZA	DULZURA	INGENIO	DUREZA
NORMAL					
ALTO					
AVANZADO					
EXPERTO					

CAPÍTULO 111:
Contra Slugma
(1ª parte)

BLAM
CLONC CLONC
BAUM
POM
FOOOSH
¡¡UAAAH!!
MUMU, ¿DÓNDE ESTAMOS?
¡AH! ¡¡PRESIDENTE, PRESIDENTE!!
¡OH! ¡¿PERO POR QUÉ NOS HAN ATADO?!
ESTÁBAMOS FABRICANDO UN POKÉCUBO ENTRE CUATRO CUANDO...

¡UHM! AQUÍ SOLO ESTAMOS NOSOTROS, RUBÍ...
¿Y LAS OTRAS DOS PERSONAS...?
¿UH?
¡¡ALLÍ!!

...ESE SÍMBOLO!
¡Y...
¡¡EL TRAJE ROJO!!
¡SON ELLOS!
¡¡LOS QUE NOS ATACARON EN LA NAO ABANDONADA!!
¡¡UN MOMENTO!!
¡AHORA RECUERDO QUE ANTES DE PERDER EL CONOCIMIENTO...
...ALCANCÉ A VERLOS DURANTE UN MOMENTO!

¡¡¡!!!
ZAAAH
ESTABA EMPAPADO DE JUGO DE BAYA Y LLEVABA PUESTAS LAS GAFAS.
¡¿PERO POR QUÉ NO ME HAN RECONOCIDO?!
¡ERAN ESOS DOS!
SSSHU
ADEMÁS, ESTABA OSCURO Y HABÍA UNA DENSA NIEBLA.
¡¡AH!!
PERO...
POR SUERTE PARECE QUE SE HAN IDO A ALGÚN LADO...
¡NO SÉ POR QUÉ NOS HAN CAPTURADO, PERO SERÁ MEJOR EVITAR A ESOS DOS!
¡ESTUPENDO! ¡SI ME LLEGAN A RECONOCER...!

¡ES EL CAPITÁN BABOR!
¡UNA AUTORIDAD Y DIRECTOR DEL PRESTIGIOSO MUSEO OCEÁNICO, AQUÍ EN CIUDAD PORTUAL!
¡AH! ¡¡AHORA CAIGO!!
¡¿QUÉ ESTÁN TRAMANDO?!
¡¿LOS ASTILLEROS?!
¡¡ESTAMOS EN LOS ASTILLEROS, A LAS AFUERAS DE LA CIUDAD!!
¡CLARO!
LO QUE QUIERE DECIR...
ES EL MÁXIMO RESPONSABLE DEL MUSEO OCEÁNICO... Y LIDERA EL EQUIPO DE INVESTIGACIÓN QUE EXPLORA EL FONDO MARINO DE HOENN...
¡ADEMÁS DEL CREADOR DE UN SUBMARINO PARA EXPLORAR LAS PROFUNDIDADES DEL MAR!
¡EL QUE ESTABA CON ÉL ES MUÉLLEZ, EL SUPERVISOR DE LA CONSTRUCCIÓN!
KON KON
¡¡MIRA ESTO, RUBÍ!!
EL DIARIO DE PORTUAL
Cuarta expedición a los fondos marinos de Hoenn

¿AH, SÍ?
¡ENTONCES IBAN A POR ELLOS! ¡A NOSOTROS NOS HAN CAPTURADO SOLO PORQUE ESTÁBAMOS A SU LADO!
¿CUANDO LLAMÓ A ESAS DOS CELEBRIDADES NO SE DIO CUENTA, PRESIDENTE?
PUES NO... SOLO TENÍA EN LA CABEZA EL POKÉCUBO.
¡ESCÚPELO YA!
UUUGH...
¡OH, RUBÍ! ¡AHORA PUEDES DEMOSTRAR TUS PODERES DE ENTRENADOR EXCEPCIONAL!
¡NO, SEÑOR! ¡USTED PRIMERO, PRESIDENTE!
¡YO NO! ¡A MÍ ME DA MIEDO!!
¿¡Y ME PASA A MÍ LA RESPONSABILIDAD?!
POIN
POIN
BLAM
NO HAY NECESIDAD DE SER TAN OBSTINADO.
SOLO QUIERO SABER QUÉ FALTA.
UUU...
ESTO SIRVE PARA ACTIVAR LA ENERGÍA AL CIEN POR CIEN, ¿NO?
CLAC
DIME, ¿QUÉ MÁS NECESITAMOS?

BRRRRRR
¡¡ZUUUUASH!!
SUB
¡CUANDO NOS ENTERAMOS DE QUE ESTABA TERMINADO NOS DECIDIMOS A ROBARLO, PERO AHORA NO HAY MANERA DE PONERLO EN FUNCIONAMIENTO!
ESE SUBMARINO EXPLORADOR 1...
VENGA, CAPITÁN BABOR, QUE NO TENEMOS TODO EL DÍA.
!!

TODO UN INCORDIO: TUVIMOS QUE BUS-CARTE, TRAERTE AQUÍ...
EL DOBLE DE TRABAJO.
VAMOS, ¿VAS A HABLAR?
¿QUÉ ES LO QUE FALTA PARA QUE FUNCIONE?
UH...
¡CAPI-TÁN, NO DIGA NADA!
¡¡CÁLLATEEEE!!
BLOOOF
¡¡AAAH!!
BLORB
BLORB
BLORB
BLORB

¡FLOASSSH!
¡¡ARRRGH!!
¡¡MUÉLLEZ!!
¡¡...!!
BIEN, CAPITÁN BABOR...
SLURP
SI NO HABLAS RÁPIDO TU SUBORDINADO CORRERÁ UNA SUERTE DESAGRADABLE...
...
ENTENDIDO...
HABLARÉ...
¡¡CAPITÁN!!
EL SUBMARINO EXPLORADOR 1...
...NECESITA OTRO COMPONENTE VITAL PARA SU ACTIVACIÓN.

TAL COMO ESTÁ SE PUEDE PILOTAR...
PERO SI UNO QUIERE LLEGAR A LAS ZONAS MÁS PROFUNDAS E INEXPLORADAS DEL MAR DE HOENN, COMO LA CAVERNA ABISAL,
NECESITA ESA PIEZA.
MUY BIEN.
¿VAS A CONSTRUIRLA PARA NOSOTROS?
NO, YO NO PUEDO... SE LA HABÍAMOS ENCARGADO A DEVON S.A...
¡PERFECTO! ¡LA RECOGEREMOS NOSOTROS MISMOS!
¡¡TATIANO, CAROLA!! ¡¡PODÉIS DEJAR DE INVESTIGAR EL MUSEO Y EL PUERTO!!
¡EL COMPONENTE QUE FALTA LO FABRICA DEVON S.A.!
¡REGRESAD, YA ME OCUPO YO!
NO CONTARÉ NADA MÁS...
PRIMERO LIBERA A MUÉLLEZ.
PIP
¿CREES QUE TIENES DERECHO A OPINAR?

¡¡YO SOY EL QUE DICE QUÉ SE HACE AQUÍ!!
¡¡VEN!!
CLAC
CLAC CLAC
¡UAAAH!
BLAM
¿¡ESTABAIS PEGANDO LA OREJA?!
¡ESTABA OCUPADO CON EL INTE-RROGATORIO Y QUERÍA TOMARME UN TIEMPO ANTES DE VOLVER CON VOSO-TROS...
...PERO SERÁ MEJOR QUE CAMBIE DE PRIORI-DAD!
BLORB BLORB BLORB

¡EH, QUE YO NO SÉ NADA DEL COMPONENTE DE ESE SUBMARINO!
SHWOORL
¡YO SOLO PASABA POR AQUÍ!
UAAAAH
CLANC
AL MENOS AQUÍ DENTRO ESTARÉ MÁS SEGURO.
ZUUUH
¡NO TENGO NADA QUE VER!
¡AHÍ OS DEJO! ¡APAÑAOS ENTRE VOSOTROS!
TAH TAH TÄH
¡OH! ¡HACE FALTA SANGRE FRÍA!
!!

¡QUÉ RARO!
¡EL SLUGMA SE ESTÁ MOVIENDO SIN QUE LE DÉ INSTRUCCIONES...!
¡SLUGMA!
¡¡QUIETO AHÍ!!
ZUUUH
ZAH
CLONC
¡CA-CHAC!
¡EL MECANISMO DE SEGURIDAD SE HA RETIRADO!
CLON
¡¡EL SUBMARINO EXPLORADOR 1...!!
BLORB
BLORB
CLAN

¡¡MIENTRAS HUÍAS HAS UTILIZADO...
...ES-TO!!
¡¡UN PO-KÉCUBO VERDE!!
UN POKÉCUBO DE SABOR AMARGO... ¡COMO LOS QUE LES GUSTAN A LOS POKÉ-MON MANSOS! ¡COMO MI SLUGMA!
HAS DICHO QUE NO QUERÍAS COMBATIR, PERO...
...HAS ATRAÍDO AL SLUGMA APARTÁNDO-LO DE MÍ.
¡¡AL TIRARLO AL SUELO LO HAS ATRAÍDO HASTA AQUÍ!!
¡¡¿CÓMO SABÍAS QUE MI SLUGMA ERA DE NA-TURALEZA MANSA?!!
¡¡RES-PON-DE!!
ES UN POKÉCU-BO QUE HABÍA FABRICADO CON EL PRESIDENTE EN EL RECINTO DEL CON-CURSO.
SE ME HABRÁ CAÍDO SIN DARME CUENTA.
¡NO FINJAS!

FUH...
FAH
¿QUIÉN...
...ERES TÚ?
¡60 DÍAS PARA CUMPLIR EL RETO!

Pokémon™
RUBÍ Y ZAFIRO

¡¡INFORME COMPLETO DE LAS DOS ORGANIZACIONES!!

Caso 1

ROBO

EL COMPONENTE ESPECIAL DE ARRANQUE.

—BOSQUE PETALIA—

¡¡ESE DÍA EL PRESIDENTE DEBÍA HACER LA ENTREGA DEL COMPONENTE DEL SUBMARINO EXPLORADOR 1!!

TRAS EL ATAQUE EN BOSQUE PETALIA EL COMPONENTE ESPECIAL DE ARRANQUE FABRICADO POR DEVON S.A. HA CAÍDO EN MANOS DEL EQUIPO AQUA. ¿QUÉ PERSIGUE LA ORGANIZACIÓN CON DICHO ROBO?

◂ LA PIEZA ESPECIAL DE ACTIVACIÓN DEL SUBMARINO. ¿ESTARÁ EL EQUIPO AQUA BUSCANDO ALGO EN EL FONDO DEL MAR? (CAPÍTULO 99)

▾ TEO INVESTIGA EL SÍMBOLO DE LA ORGANIZACIÓN Y DESCUBRE EL NOMBRE DE LA ORGANIZACIÓN. (CAPÍTULO 190)

UNIFORME AZUL DE LA ORGANIZACIÓN

EQUIPO AQUA

EQUIPO AQUA

LA ORGANIZACIÓN HA ELEGIDO EL "AGUA" COMO SU EMBLEMA. SUS MIEMBROS SOLO UTILIZAN POKÉMON DE TIPO AGUA. LOS EMPLEARON AL SECUESTRAR AL PRESIDENTE DE DEVON S.A. CUANDO ESTE PASEABA EN LA RUTA 104.

EQUIPO MAGMA

SUS MIEMBROS PARECEN VENERAR EL FUEGO. UTILIZAN POKÉMON DE TIPO FUEGO, APARECEN EN LA NAO ABANDONADA Y ESTÁN IMPLICADOS EN EL INCIDENTE EN CIUDAD PORTUAL. A CONTINUACIÓN CONOCEREMOS MEJOR SUS ACTIVIDADES.

INFORME ESPECIAL

EQUIPO AQUA Y EQUIPO MAGMA

¡¡DOS ORGANIZACIONES QUE PUGNAN POR SUS OBJETIVOS EN HOENN!!

EN HOENN ESTÁ TENIENDO LUGAR UNA OLEADA DE SUCESOS RELACIONADOS... ¡DETRÁS SE ENCUENTRA LA MANO DE ESTAS DOS ORGANIZACIONES! ¡¡EL SIGUIENTE INFORME DESVELA ALGUNOS DE SUS SECRETOS!!

?

— CASCADA METEORO —

¡SU PRÓXIMO OBJETIVO!

DE ACUERDO CON NUESTRA INFORMACIÓN SECRETA EL PRÓXIMO OBJETIVO ES LA CASCADA METEORO. ¿¡IRÁN DETRÁS DE ALGUNA FUENTE DE ENERGÍA?!

▲ ¿HABRÁ ALLÍ ALGO QUE PERSIGUEN AMBAS ORGANIZACIONES?

SUBMARINO EXPLORADOR 1

ROBO CON VIOLENCIA

— CIUDAD PORTUAL —

¡¡UN SUBMARINO DISEÑADO PARA LA EXPLORACIÓN DE LAS ZONAS ABISALES!!

EL EQUIPO MAGMA HA ATACADO LOS ASTILLEROS. SU OBJETIVO ES HACERSE CON EL SUBMARINO RECIÉN CONSTRUIDO.

RUBÍ Y UN MIEMBRO DEL EQUIPO MAGMA SUBEN A BORDO Y BAJAN A LAS PROFUNDIDADES DEL MAR. (CAPÍTULO 110) ►

ESCÁNER

ROBO CON VIOLENCIA

— NAO ABANDONADA —

¡¡DISPOSITIVO ENCONTRADO EN LA NAO ABANDONADA!!

¡ES ALGUNA CLASE DE ESCÁNER! ¡A PESAR DE LA RESISTENCIA DE RUBÍ Y ZAFIRO FINALMENTE EL EQUIPO MAGMA LOGRA HACERSE CON ÉL!

◄ ¿QUIÉ SERÁ E AUTOR DEL DIA RIO QU ESTABA SU LADO (CAPÍTUL 109)

▲ UNAS PALABRAS PREOCUPANTES. SIN OLVIDARNOS DE ELLAS PASAMOS A CONOCER A LOS COMANDANTES DE AMBAS ORGANIZACIONES!

¿QUÉ SIGNIFICAN LAS PALABRAS DE MÁXIMO, EL JOVEN DE LA CUEVA GRANITO...?

MÁXIMO ES EL JOVEN QUE SALVA A RUBÍ EN LA CUEVA GRANITO, EN PUEBLO AZULIZA, Y SE REFIERE A DOS GRANDES MALES QUE ASOLAN HOENN. ¡¿SE REFERIRÁ AL EQUIPO AQUA Y AL EQUIPO MAGMA?!

▼ SU UNIFORME ES UNA TÚNICA ROJA. EL NOMBRE DE SU ORGANIZACIÓN TODAVÍA NO HA TRASCENDIDO.

UNIFORME ROJO DE LA ORGANIZACIÓN

EQUIPO MAGMA

N LA RUTA 104 DISFRAZADOS DE PERSONAL DE MANTENIMIENTO DEL EPARTAMENTO DE AGUAS. ¡HAN MANIPULADO LA FUENTE SIN QUE ADIE SE DIERA CUENTA! (CAPÍTULO 98)

¡LAS OSCURAS MANIOBRAS DE LA ORGANIZACIÓN CRIMINAL...!

LAS SINIESTRAS ACTIVIDADES DEL EQUIPO AQUA SON ALTAMENTE SECRETAS. ¡NI SIQUIERA SE CONOCE EL NOMBRE DE SU ORGANIZACIÓN, QUE MANTIENEN OCULTO PARA CONTINUAR OPERANDO EN LAS SOMBRAS!

INFORME ESPECIAL

EQUIPO AQUA Y EQUIPO MAGMA

LA ORGANIZACIÓN DEL UNIFORME AZUL EQUIPO AQUA

ÉS ▸ BO OM- NTE CIAL AN- ON EN- S A AN- ES, GO UE IÉN RE- REN LAS LAS SS. ULO 02)

¡¡POSEEN UN PRECISO SISTEMA DE RANGOS Y UNA SISTEMÁTICA ORGANIZACIÓN INTERNA!!

EL EQUIPO AQUA ESTÁ ESTRUCTURADO JERÁRQUICAMENTE. AL RECIBIR UNA ORDEN SUS MIEMBROS DEBEN OBEDECER. ESTÁN OBLIGADOS A GUARDAR RESPETO A SUPERIORES E IGUALES. EXISTEN MUCHOS GRADOS Y LOS MIEMBROS SON RECOMPENSADOS CON PROMOCIONES EN FUNCIÓN DE SUS LOGROS.

EL EQUIPO AQUA LLEVA A CABO SUS ESTRATEGIAS DE MODO OMINOSO Y FRÍO. ¡CONOZCAMOS A SU LÍDER, FRÍO COMO EL AGUA, Y A SUS EJECUTIVOS!

¡¡UN PLAN METICULOSO DISEÑADO POR UN FRÍO LÍDER!!

EN LA CÚSPIDE DE LA ORGANIZACIÓN SE HALLA AQUILES. A PESAR DE LAS APARIENCIAS, SE TRATA DE UN INDIVIDUO FRÍO QUE NO REPARA EN MEDIOS PARA ALCANZAR SUS OBJETIVOS. ¡SI ES NECESARIO SACRIFICARÁ A SUS SUBORDINADOS! ¿A QUÉ SE DEBE EL BRILLO DE SU MIRADA?

LÍDER AQUILES

SE DESCONOCE EL TIPO DE POKÉMON QUE EMPLEA. SOLO SABEMOS QUE ES UN PODEROSO POKÉMON DE TIPO AGUA.

?

AQUA

¡ZUAH! EQUIPO AQUA SSS (TRIPLE S)

AMBER

ES MAESTRO DEL MOVIMIENTO DAÑO SECRETO, QUE PERMITE ESCONDERSE DENTRO DE UN ESPACIO CREADO EN LAS ROCAS O EN LA VEGETACIÓN. ¡ELLO LO CONVIERTE EN UN FORMIDABLE Y SILENCIOSO ENEMIGO!

▲ ¡CON ESTA TÉCNICA NUNCA SE PUEDE ESTAR SEGURO DE DÓNDE SE ENCUENTRA EL EQUIPO AQUA!

SILVINA

LLEVA ENCIMA PIEDRAS EVOLUTIVAS. ¡CUANDO SE ENFRENTA A SITUACIONES CRÍTICAS NO DUDA EN RECURRIR A ELLAS! ¡SU AGUDO JUICIO ES UNA DE LAS MEJORES ARMAS CON LAS QUE CUENTA EL EQUIPO!

▲ ¡SU CONOCIMIENTO DE LA ENERGÍA QUE RESIDE EN LAS PIEDRAS SERÁ CLAVE EN EL FUTURO!

MATÍAS

AUNQUE NO LO PAREZCA, SU CABEZA ES VELOZMENTE MORTAL. ¡APARTE DE SHARPEDO EMPLEA OTROS POKÉMON COMO MARILL...!

▲ ¡EL MOVIMIENTO PIEL TOSCA DE SHARPEDO HIERE A LOS ADVERSARIOS CON SOLO ROZARLOS!

▲ ¿QUÉ LUGAR ES ESE AL QUE SOLO PUEDE ACCEDERSE GRACIAS AL SUBMARINO? ¡NOS ENCONTRAMOS CERCA DE LA RESOLUCIÓN DE ESTOS MISTERIOS!

SUS OBJETIVOS

¡¿TENDRÁ EL EQUIPO AQUA LA INTENCIÓN DE HACERSE CON EL LEGENDARIO Y ANCESTRAL POKÉMON DE LA REGIÓN DE HOENN?! ¡POR OTRO LADO, LOS SSS BUSCAN TAMBIÉN A ZAFIRO, QUE HA VISTO LOS ROSTROS DE SUS MIEMBROS!

OCO ▶
NEN
UNA
RIDA
CIAL!
GAR
E SE
NEN
CADA
LES
E DE
TEL.
ULO
100)

¡¡UNA ORGANIZACIÓN ESQUIVA!!

EL EQUIPO MAGMA ESTÁ FORMADO POR MIEMBROS QUE USAN POKÉMON DE TIPO FUEGO. SU FORMA DE VIDA ESTÁ FUERTEMENTE INFLUIDA POR EL FUEGO. SON ARDIENTES, VIOLENTOS Y CONFUSOS. CASI PARECEN LA FIGURA INVERSA DEL PRECISO EQUIPO AQUA.

INFORME ESPECIAL

EQUIPO AQUA Y EQUIPO MAGMA

LA ORGANIZACIÓN DEL UNIFORME ROJO EQUIPO MAGMA

¡LO SUYO NO SON LOS DETALLES, SINO SEMBRAR LA VIOLENCIA! ¡SU LÍDER TIENE UN ESPÍRITU SALVAJE COMO EL FUEGO Y SUS EJECUTIVOS UN CARÁCTER EXTREMADAMENTE BELICOSO! ¡CONOZCÁMOSLOS MEJOR!

TRIUNVIRATO DE FUEGO, COMO SE HACEN LLAMAR A SÍ MISMOS, TOS EN UNA REUNIÓN. SU CONVERSACIÓN CON EL LÍDER PARECE TODO MENOS FORMAL.

¡¡HACEN LO QUE LES VIENE EN GANA, Y CADA MIEMBRO DESEA PONER DE MANIFIESTO SUS PROPIAS HABILIDADES!!

NO HAY NINGUNA ORGANIZACIÓN ESPECIAL. SI ACUERDAN UN OBJETIVO, UN ATAQUE O UN ROBO, ENTONCES SIGUEN ADELANTE. ¡EN ESTA ARBITRARIEDAD RADICA LA FUENTE DE SU PODER!

LÍDER MAGNO

EL POKÉMON QUE EMPLEA ES CAMERUPT. ¡EN SU INTERIOR TIENE UN VOLCÁN QUE EXPULSA LAVA POR SU ESPALDA!

CAMERUPT

¡¡EL FEROZ LÍDER QUE CONTROLA LA ORGANIZACIÓN!! ¡UN HOMBRE IMPERTURBABLE!

¡MAGNO, UN AUTÉNTICO BANDIDO Y EL COLMO DE LA VIOLENCIA! NO DA ÓRDENES ESPECÍFICAS A SUS MIEMBROS Y LES DEJA LIBERTAD PARA COMBATIR A SU MODO, ¡UNA LIBERTAD QUE SUS MIEMBROS TIENEN POR EMBLEMA DE LA ORGANIZACIÓN!

MAGMA

EQUIPO MAGMA
EL TRIUNVIRATO DE FUEGO

BLAISE

CONTROLA LOS RECUERDOS CON LAS LLAMAS. EN EL ENCENDEDOR CON FORMA DE CUERNO QUE TODOS LOS MIEMBROS LLEVAN, SE ENCUENTRA LA LLAMA DE SLUGMA.

▲ ¿SE TRATA DE UNA ILUSIÓN? ¡LO SABREMOS EN EL PRÓXIMO TOMO!

CAROLA

LA ÚNICA MUJER DEL GRUPO NO SE CARACTERIZA POR LA DELICADEZA PRECISAMENTE. POSEEDORA DE UNA GRAN INTUICIÓN, SU HABILIDAD TÁCTICA ES EXCELENTE. ES MEJOR NO PERDER DE VISTA SUS GUANTES.

▲ POR SUS GUANTES EXPULSA ZUMO DE BAYA TAMATE, QUE CIEGA A SUS ADVERSARIOS. (CAPÍTULO 99)

TATIANO

¡ES EL MIEMBRO MÁS EXCITABLE DE LOS TRES! ¡SU ESTILO DE COMBATE, CARACTERIZADO POR LA FUERZA BRUTA, RESULTA TEMIBLE! UTILIZA LA HABILIDAD ESPECIAL DE SU TORKOAL, HUMO BLANCO, PARA CREAR CONFUSIÓN.

▲ ¡EL HUMO QUE EXPELE EN SOLO UN INSTANTE ES CAPAZ DE DEJAR INCONSCIENTE A NUMEROSAS PERSONAS! (CAPÍTULO 100)

SUS OBJETIVOS

HACERSE CON EL SUBMARINO Y EL ESCÁNER. ¿PARA QUÉ? SEGÚN LA LEYENDA DE HOENN HAY MÁS DE UN POKÉMON ANCESTRAL. EL EQUIPO AQUA PARECE IR DETRÁS DE UNO, PERO ¿Y EL EQUIPO MAGMA?

▲ ¿QUÉ ES LO QUE DETECTA? AQUÍ AL LADO TENEMOS UNA ENORME PISTA

◀ SU DESTINO SON LAS PROFUNDIDADES ABISALES DEL MAR DE HOENN. ¡¿LA CAVERA ABISAL?! ¡LO SABREMOS SIN FALTA EN LA PRÓXIMA ENTREGA!!

¿Y CÓMO ES LA EDICIÓN ESPAÑOLA DE POKÉMON?

El manga de Pokémon lleva décadas siendo uno de los más populares en el mercado japonés, y por fin llega a España de mano de Norma Editorial. Por primera vez en castellano, los amantes de los Pokémon y los aspirantes a entrenadores podrán leer la que es, sin duda, la mejor adaptación en manga de una de las sagas de videojuegos más famosas del mundo.

En Japón esta serie ya supera ya los 50 tomos, ¡y lo que le queda! Pero como este manga era inédito en España, eso nos daba la oportunidad de presentar a los lectores una edición más cómoda y comprensible, organizada no solo por volúmenes consecutivos, sino también por sagas, las de los videojuegos originales.

Así que optamos por ordenar la serie con una doble numeración: por un lado, el número de volumen de la serie Pokémon, y por otro, un subnúmero que indica el volumen dentro de la saga. Es decir, que el tomo 11 de la edición española de *Pokémon* es también el tomo 3 de *Pokémon Rubí* y *Zafiro.*

El motivo es muy sencillo: de ese modo, si algún lector solo quiere comprarse (o empezar) por una saga concreta, puede hacerlo sin necesidad de adquirir otros tomos que, a priori, no le llaman tanto la atención.

Para que quede más claro, aquí tenéis la planificación de la serie:

VIDEOJUEGO	VOLUMEN DE LA COLECCIÓN MANGA	VOLUMEN DE NORMA
POKÉMON EDICIÓN ROJA/ POKÉMON EDICIÓN AZUL	POKÉMON ROJO, VERDE Y AZUL 1 Y 2	1 Y 2
POKÉMON EDICIÓN AMARILLA	POKÉMON AMARILLO 1 Y 2	3 Y 4
POKÉMON EDICIÓN ORO/ POKÉMON EDICIÓN PLATA/ POKÉMON EDICIÓN CRISTAL	POKÉMON ORO, PLATA Y CRISTAL 1 A 4	5 A 8
POKÉMON EDICIÓN RUBÍ/ POKÉMON EDICIÓN ZAFIRO	POKÉMON RUBÍ Y ZAFIRO 1 A 4	9 A 12
POKÉMON EDICIÓN ROJO FUEGO/ POKÉMON EDICIÓN VERDE HOJA	POKÉMON ROJO FUEGO Y VERDE HOJA 1 Y 2	13 Y 14
POKÉMON EDICIÓN ESMERALDA	POKÉMON ESMERALDA 1 Y 2	15 Y 16
POKÉMON EDICIÓN DIAMANTE/ POKÉMON EDICIÓN PERLA	POKÉMON DIAMANTE Y PERLA 1 A 5	17 A 21
POKÉMON EDICIÓN PLATINO	POKÉMON PLATINO 1 Y 2	22 Y 23
POKÉMON EDICIÓN ORO HEARTGOLD/ POKÉMON EDICIÓN PLATA SOULSILVER	POKÉMON ORO HEARTGOLD Y POKÉMON PLATA SOULSILVER 1 Y 2	24 Y 25
POKÉMON EDICIÓN NEGRA/ POKÉMON EDICIÓN BLANCA	POKÉMON NEGRO Y BLANCO 1 A 5	26 A 30

Y COMO SUELEN DECIR... ¡HAZTE CON TODOS!™

POKÉMON

RUBÍ Y ZAFIRO™

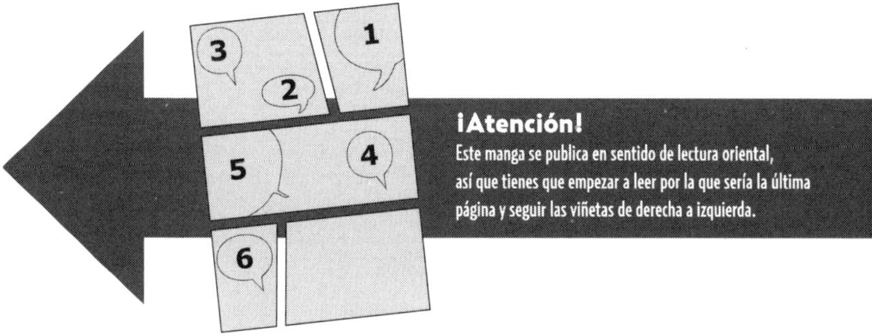

POKÉMON vol. 9
POKÉMON Rubí y Zafiro vol. 1

POCKET MONSTERS SPECIAL 15, 16
by Hidenori KUSAKA, Satoshi YAMAMOTO

Original Japanese edition published by SHOGAKUKAN.
Spanish translation rights in Spain arranged with SHOGAKUKAN
through The Kashima Agency.

Norma Editorial, S.A. Passeig de Sant Joan, 7, principal.
08010 Barcelona. Tel.: 93 303 68 20 – Fax: 93 303 68 31.
E-mail: norma@normaeditorial.com
Traducción: Óscar Tejero (DARUMA Serveis Lingüístics, SL)
Corrección: Red Cameo
Realización técnica: Double Cherry
Depósito Legal: B 24438-2015
ISBN: 978-84-679-2331-5
Printed in the EU

www.NormaEditorial.com
www.normaeditorial.com/blogmanga/